# Begegnungen im Niemandsland

## Momentaufnahmen einer Hospizbegleiterin

**Dorothea Gebauer** wurde 1950 in Oer-Erkenschwick geboren als Erste von 8 Geschwistern einer Bergarbeiterfamilie mit alkoholkranker Mutter. Bücher beschreibt sie als ihre Zuflucht aus dem problematischen Alltag ihrer Kindheit. Um den Familiendramen zu entkommen, zog sie 1972 mit ihrem späteren Mann nach Bayern, wo sie 10 Jahre später und bis 2020 als Softwareentwicklerin und Ausbilderin für Programmierer arbeitete.

Die traumatischen Kindheitserfahrungen hätten sie sensibilisiert, so die Autorin, für Menschen mit Leiderfahrungen. Um für ein gutes Leben nach einem schweren Start zu danken, begann sie 2002 beim Hospizverein Regensburg eine Ausbildung als Sterbebegleiterin und steht seit 2004 Schwerstkranken in ihren Familien oder Pflegeeinrichtungen bei. Die ehrenamtliche Hospizarbeit führte sie auch zum Schreiben. 2023 erschien ihr 1. Buch „Leben auf der Seifenblase“, ein Gedichtband.

Dorothea Gebauer

# Begegnungen im Niemandsland

## Momentaufnahmen einer Hospizbegleiterin

Verlag
Turmgeschichten.de

Vollständige deutsche Erstausgabe
2. Auflage 2025



Autorin: Dorothea Gebauer
Cover-Fotografie: Armin Graf, Claudia Fried
Innenteilgestaltung und Satz: Christina Schwarzfischer
Druckabwicklung: Turmgeschichten-Verlag, 93444 Bad Kötzting, Marktstr. 7 www.turmgeschichten.de
E-Mail: dialog@turmgeschichten.de
Facebook, Tiktok, Instagram: @turmgeschichten
Heidelberg-Druck (Germany)
ISBN 978-3-98930-103-0

# Widmung

Allen in der Pflege Tätigen ist dieses Buch gewidmet. Unter extremen Arbeitsbedingungen, viel zu häufig mit Überforderungen konfrontiert, setzen sie sich ein für die ihnen anvertrauten Menschen.

Mit großer Dankbarkeit widme ich dieses Buch auch meinen beiden Lehrerinnen Petra Seitzer und Ingrid Weinbuch, die mich beim Hospizverein Regensburg zur Hospizbegleiterin ausbildeten. Ihnen verdanke ich einen veränderten Blick auf Krankheit und Sterben und damit auch einen neuen Blickwinkel auf die Einzigartigkeit und Schönheit des Lebens - auch auf den letzten Wegstationen.

# Inhalt

# Ein Wort zuvor

Viele Menschen kennen die Arbeit von ehrenamtlichen „Hospizbegleitern“ gar nicht, haben keine Vorstellung davon, was die eigentlich so machen. Mit kurzen Momentaufnahmen aus meiner ehrenamtlichen Tätigkeit, der Begegnung mit Schwerstkranken und Sterbenden, möchte ich diese Arbeit bekannter machen. Aber auch den Menschen, die wir begleiten dürfen, soll ein Denkmal gesetzt werden, ein Porträt, das sie in ihrem Leid, aber auch in ihrer Würde zeigt.

Für mich sind sie Lehrer geworden. Sie haben meinen Blick auf den Alltag verändert und das „memento mori“ zu einem Leitwort werden lassen, das mich über die Klippen eines allzu schnell banalisierten Alltags führt in tiefere Wasser, in denen ich mich frei schwimmen kann.

Ich habe viele Menschen in Pflegeeinrichtungen begleitet. Dabei habe ich einen Blick hinter die Kulissen erlebt, der mich zutiefst erschüttert hat. Es kann nicht ausbleiben, dass bei meinen Momentaufnahmen aus dem Pflegebereich auch die Gründe für diese Erschütterung sichtbar werden. Dabei geht es mir nicht um Kritik an den Menschen, die in der Pflege arbeiten. Sie leisten Unglaubliches unter extremen Rahmenbedingungen. Für diese Rahmenbedingungen sind politische und gesellschaftliche

Akteure verantwortlich und wir alle, wenn wir keinen Protest und keinen Widerstand gegen eine Pflege organisieren, die Gewinn für private Betreiber erwirtschaftet auf Kosten einer menschenwürdigen Pflege.

Hospizbegleiter versuchen dafür zu wirken, dass die Grundsätze von Ciseley Saunders, der Gründerin der modernen Hospizbewegung, verwirklicht werden können. Über ihre Arbeit als medizinische Leiterin des von ihr gegründeten St. Christopher's Hospiz schrieb sie 1999 mit Blick auf ihre Patienten: "Sie sind wichtig, weil Sie sind, und Sie sind bis zum letzten Augenblick Ihres Lebens wichtig! Wir werden tun, was wir können, damit Sie nicht nur in Frieden sterben, sondern auch bis zuletzt leben können."

Wenn Sie die Texte über meine ehrenamtlichen Tätigkeiten lesen, werden Sie bemerken, dass zwei unterschiedliche Erzählweisen vorliegen. Meistens wird aus der Ich-Erzähler-Perspektive einer Hospizbegleiterin erzählt. Das sind Momentaufnahmen aus meiner ehrenamtlichen Tätigkeit, aus tatsächlich erlebten Sterbebegleitungen. Da ist nichts erfunden. Es wird lediglich alles weggelassen, was zur Erkennung der begleiteten Person beitragen könnte. Denn Hospizbegleiter unterliegen einer Schweigepflicht.

Einige Momentaufnahmen werden aus der Perspektive eines Pflegeheimbewohners geschrieben. Darin versuche ich deren Erlebniswelt zu beschreiben, ihre besondere Situation aus der Innenperspektive. Diese Beschreibungen sind also Erfindungen, die aber durch konkrete Erlebnisse und viele Gespräche angeregt wurden.
Vielleicht regt das Buch Sie ja an, sich mit der ehrenamtlichen Hospizbewegung genauer auseinanderzusetzen. Das wäre großartig. Aber der Zweck meines Buches wäre auch schon erreicht, wenn mehr Menschen sich vorstellen könnten, ehren-amtliche Unterstützung anzunehmen für die Betreuung ihrer schwerstkranken Angehörigen.

Im Januar 2024

Dorothea Gebauer

ehrenamtliche Hospizbegleiterin
beim Hospizdienst der Caritas
im Landkreis Schwandorf

Hospizbegleiter verdrängen nicht Leid und Tod, wie es vielfach in unsrer Gesellschaft geschieht. Sie besuchen die Leidtragenden und versuchen Nähe zu schenken für einen letzten Abschnitt auf dem Lebensweg. Das folgende Gedicht versucht darüber etwas zu erzählen.

# Das Leid

Das Leid wird einmal kommen
um für immer zu bleiben -
jedenfalls auf dieser Seite des Lebens.
Ich spähe nicht nach seinem Schatten.

Immer schon in meiner Nähe
sieht es mich fragend an.
Ob ich es in den finstren
Winkel sperren werde
hinter dem verbotenen Tor.

Aber ich gehe es besuchen.
Nichts nehme ich mit außer
dem Wunsch, ein mikroskopisch
kleines Stück aus seiner
dunklen Krone zu entwenden.

In schweigender Geduld
sitze ich bei ihm,
wenn es nicht mit mir reden möchte.

Von so viel Nähe ganz bedrückt,
muss es sich manchmal
eine kleine Auszeit nehmen.

Dann bin ich froh,
auch wenn ich weiß,
es kommt wieder zurück.

# Nähe ohne viele Worte

Herr V war mein erster Patient. Daher ging ich mit großer Neugier aber auch mit enormer Besorgnis zu ihm. Vieles hatte ich im Hospizverein Regensburg über den Umgang mit Sterbenden gelernt, aber würde mir die praktische Umsetzung auf Anhieb gelingen?

Von einer Kollegin aus dem Hospizverein, die morgens bis mittags anwesend war, wurde mir die Tür geöffnet. Herr Vs Sohn und seine Lebensgefährtin Frau M waren beide in der Arbeit. So trat ich an Herrn Vs Bett. Eine abgezehrte Gestalt, die Gesichtshaut über die Knochen gespannt, blickte mir entgegen. Der Anblick veränderte sofort etwas in meiner Gefühlswelt. Obwohl Herr V viel älter war als ich, spürte ich den intensiven Wunsch ihn zu beschützen. Wir waren einander völlig fremd, und doch fühlte ich mich ihm ganz nahe.

Gleichzeitig mit dieser unerwarteten Nähe spürte ich, dass ich diesen Gefühlen nicht zu sehr nachgeben sollte. Es war beides erforderlich. Nähe und Distanz, Empathie und Zurückhaltung, um Herrn V nicht mit etwas zu „überwältigen“, das nicht seiner Situation und seinen Wünschen entsprach.

Ich stellte mich vor, nahm mir einen Stuhl und setzte mich an sein Bett. Falls Herr V reden wollte, würde ich zuhören und versuchen anzuwenden, was ich gelernt hatte. Zurück spiegeln, was ich

verstanden hatte und meine Wertschätzung zeigen. Aber auch auf Schweigen war ich eingestellt und wusste schon, dass ich damit keine Schwierigkeiten haben würde.
Herr V war offensichtlich nicht nach reden zumute. Er war wach und gab immer wieder leise, klagende Töne von sich. Sie klangen fast so wie bei einem leise quängelnden Kind. Nach einiger Zeit fragte ich Herrn V, ob ich etwas für ihn tun könne, erhielt aber keine Antwort. Heute, nahezu zwanzig Jahre später, würde ich vorsichtig seine Hand auf meine legen, so dass er sie leicht wegnehmen kann, wenn er das nicht mag.
Aber ich begleitete Herrn V ohne vorherige Erfahrungen und hatte einfach Angst, etwas falsch zu machen. Daher sagte ich zu ihm: „Herr V, bitte entschuldigen Sie, wenn ich mich ungeschickt verhalte. Ich habe noch nicht viel Erfahrung mit der Betreuung von kranken Menschen. Gerne lasse ich Sie in Ruhe, wenn das gut ist für Sie, aber wenn Sie etwas brauchen, geben Sie mir doch bitte einen Hinweis." Zur Antwort erhielt ich: „Es ist alles gut. Warum machen Sie sich Sorgen? Ist es, weil ich immer so mache?", und er wiederholte diesen leise klagenden Ton, den ich die ganze Zeit über gehört hatte. „Das bedeutet nichts Schlimmes."
So verbrachte ich viele Nachmittage mit Herrn V ohne dass wir viel redeten. Nach einer guten Woche war ich einmal einen Nachmittag verhindert und besprach das mit den Angehörigen. Das sei kein

Problem, hörte ich. Einen Nachmittag könne auch der Sohn von Frau M „aufpassen“. Darum sagte ich einen Tag vorher zu Herrn V: „Morgen Nachmittag bin ich leider verhindert. Aber keine Sorge, der Sohn von Frau M wird da sein, so dass Sie nicht alleine sein müssen. Die Reaktion von Herrn V war für mich unerwartet. Er begann leise vor sich hin zu weinen. Das tat mir sehr leid, aber ich wusste nun auch, Herr V fühlte sich wohl in meiner Begleitung. Meine Angst , dass ich zu viel falsch mache, war offensichtlich unbegründet.

# Eine Hand und Schweigen

Wenn die Minuten
keine Verheißungen
mehr enthalten,

die Stunden
gähnend
ihre Zähne blecken,

die Tage ohne
ein Korsett aus Pflichten
hemmungslos sich blähen,

dann brauchst du
eine Hand,
die deine Lebendigkeit
wahrscheinlich werden lässt,

keine Beschwichtigungen
sondern Schweigen,
das deine Hilflosigkeit
nicht schuldig spricht.

## Begegnungen auf dem Flur

Ich sah ihn jedes Mal, wenn ich Frau I besuchen wollte oder von ihr zurück kam. Er saß in seinem Rollstuhl in dem Gang vor seiner Zimmertür. Auf mein „Grüß Gott“ antwortete er wortlos mit einem leichten Heben seiner Hand. Er konnte wohl nicht sprechen. Obwohl ich zu unterschiedlichen Uhrzeiten kam, fand ich ihn immer vor seiner Tür sitzend. Vielleicht wollte er das Leben, das ihn ins Abseits gedrängt hatte, wenigstens vorbei flanieren sehen.

Nach etlichen sehr kurzen Begegnungen auf dem Flur sah ich ihn einmal nicht wie sonst mit dem Rücken zu seiner Zimmertür sitzen, sondern in der Richtung, aus der ich kommen würde, und er lächelte mir schon von weitem zu. Ich blieb stehen und sagte „Grüß Gott, heute ist wirklich ein schöner Tag, ein Tag zum Lächeln. Er nickte und sein wortloses Lächeln war zwischen uns wie ein Blumenduft. Mit einem „ich wünsche Ihnen einen schönen Nachmittag“ ging ich weiter, denn Frau I erwartete mich.

Ein anderes Mal kam er mit seinem Rollstuhl vor die Tür, erst kurz bevor ich auf der Höhe seines Zimmers war. Er konnte offenbar nur eine Hand benutzen, die andere lag wie leblos auf seinem

Schoß. Mit der beweglichen Hand versuchte er noch einige Knöpfe an seinem Hemd zu schließen und sah etwas verlegen aus. Er wollte wohl eine gute Figur machen. Ich lächelte ihn an und sagte, das ist aber ein schickes Hemd. Es steht Ihnen gut. Da erhielt ich ein strahlendes Lächeln. Ich war beschämt, weil ich mir stets so wenig Zeit nahm für die kurze Begegnung im Flur. So flüchtig unsere Begegnungen auch waren, sie schienen wichtig zu sein.

# Eingeschränkt und behindert aber zufrieden

Wenn ich Frau I im Pflegeheim besuchte, sah ich häufig eine Frau im Rollstuhl. Sie saß stets in einer hellen Ecke des Gemeinschaftsbereichs. Wenn sie mich überhaupt bemerkte, grüßte sie stets mit einem feinen Lächeln. Häufig aber sah sie mich gar nicht, weil ihre Augen konzentriert den Zeilen eines Buches folgten.
Sie sah immer so zufrieden aus, und wenn sich einmal ein kurzes Gespräch zwischen uns ergab, beklagte sie sich nie. Einmal bot ich ihr an, Sie könne gerne Bücher aus meiner kleinen privaten Bibliothek lesen. Das nahm sie sehr erfreut an. Bei meinem nächsten Besuch im Heim nahm ich ihr ein Buch mit und zwar den Roman „Der Müller-Peter aus Sachrang“ von Carl Oskar Renner. Ich fand sie in ihrer Leseecke und fragte, ob sie das Buch schon kenne, und beschrieb kurz, worum es in dem Roman ging. Sie sagte, das würde sie gerne lesen und strahlte mich geradezu an.

Schon drei Tage später gab sie mir das Buch zurück, und wir sprachen kurz darüber, was jede von uns daran besonders faszinierend fand. Etliche Romane später dachte ich intensiv über meine neue Bekannte nach. Sie war an den Rollstuhl gebunden und auf die Hilfe der Pflegekräfte angewiesen wie die anderen Heimbewohner auch. Wie diese hatte sie viele Kontakte verloren und war von ihrer früheren, gewohnten Lebensumgebung abgeschnitten. Sie lebte unter Umständen, die sie in früheren, gesunden Zeiten nie akzeptiert hätte. Aber sie wirkte zufrieden, ja gelegentlich sogar glücklich.

Es musste das Lesen sein, was ihren Alltag mit einem Glanz erfüllte, der vielen anderen Heimbewohnern fehlte. Sie „wohnte“ in den Geschichten, die sie las. Sie war nicht abgeschnitten vom Leben sondern mittendrin. Wenn auch nicht im realen hier und jetzt, sondern in den erzählten Begegnungen mit Gestalten aus einer anderen Zeit.

Ich wurde sehr nachdenklich. Offenbar muss man die konkreten einschränkenden und belastenden Lebensumstände irgendwie transzendieren, um weniger zu leiden, ja sogar zufrieden sein zu können. Lesen war wohl eine gute Möglichkeit dafür. Welche anderen Möglichkeiten könnte es noch geben? Das wollte ich genauer beobachten, wenn ich Heimbewohner finden würde, die trotz ihrer Leiderfahrungen zufrieden wirkten.

# Es reicht

Es reicht an guten Tagen,
dass der Schmerz,
der meine Sterblichkeit begleitet,
nur wie von Ferne winkt.

Es reicht, wenn die täglich
helfenden Hände
nicht so ungeduldig sind,
wie es die Not gebietet,
und ein Lächeln mich berührt.

Es reicht, wenn durch mein Fenster
die heiter ziehenden Wolken
grüßen, als wüssten sie
auch meinen Weg.

# Frau R hat viel zu erzählen

Als ich die Begleitung von Frau R übernahm, erfuhr ich im Vorbereitungsgespräch von ihrer schlechten Prognose. Es gab keine Therapien mehr für sie, die auf Heilung gezielt hätten. Die Rede war von einer Betreuung, die höchstens noch wenige Wochen dauern würde.
Frau R lebte zu Hause, wurde von einem ambulanten Palliativpflegeteam betreut, und war trotz ihrer schweren Erkrankung ein humorvoller Mensch. So musste sie z.B. mittags 18 verschiedene Medikamente einnehmen. Das begleitete sie stets mit dem Satz: „Jedes an seinen Platz und keinen Streit!".

Nicht nur die Erkrankung war eine Last, die Frau R schultern musste. In ihrem Leben hatte sie viel Schweres erlebt, wie ich in zahlreichen Erzählungen von ihr erfuhr.

Menschen, die mit ihrem vielleicht nah bevorstehenden Tod konfrontiert sind, lenken oft den Blick zurück, blicken auf ihr Leben und brauchen jemanden, der wertschätzend zuhört. So hörte ich die Geschichte von der Flucht ihrer Familie aus dem sogenannten Sudetenland. Frau R war damals 13 Jahre alt und wurde mit Bildern konfrontiert, die kein Mensch, geschweige denn eine Jugendliche, sehen sollte.

Auf dieser Flucht sah die Familie einen von Bewaffneten begleiteten Zug elender Gestalten. Es muss sich um eine Verlagerung von KZ-Insassen gehandelt haben, wie sie damals an vielen Orten durchgeführt wurde, wenn die alliierten Truppen in die Nähe zu kommen drohten. Die Dreizehnjährige sah, wie ein uniformierter Mann auf eine am Boden liegende Frau einschlug. Spontan ging sie zu dem Uniformierten, ehe ihre Eltern noch eingreifen konnten, und sagte zu ihm: „Das darf man doch nicht!“ Der Uniformierte war zu verblüfft um sofort zu reagieren, und die Eltern zogen ihre wagemutige Tochter schnell weg von dem Ort, der auch für sie leicht hätte zur Todesfalle werden können.

Ich fragte Frau R, ob sie denn keine Angst gehabt hätte. Sie sagte, darüber habe sie gar nicht erst nachgedacht. Es sei eine ganz spontane Reaktion gewesen. Denn so etwas dürfe man doch mit einem Menschen nicht machen.
Bei dieser Erzählung ist mir zum ersten Mal bewusst geworden, wie viel unersetzliches Wissen, welcher reiche Erfahrungsschatz mit dem Tod eines Menschen aus dem Leben verschwindet. Übrigens, Frau R lebte entgegen der dramatischen Prognose noch fast zwei Jahre und hat mich manches gelehrt. Sie hat mir geholfen, die Generation meiner Eltern besser zu verstehen, die über ihre eigenen Erfahrungen leider nie mit uns gesprochen hatten.

# Notruf-Placebo

Jeder, der hilflos in einem Pflegebett liegt und den Notrufschalter vom Galgen hängen sieht, ist erleichtert. Wenn es darauf ankommt, kann ich Hilfe rufen. Es wird jemand kommen. Vielleicht nicht gerade innerhalb einer Minute, aber doch schnell genug, dass ich nicht in Panik geraten muss. Davon war auch ich überzeugt. Bis ich Frau I regelmäßig im Pflegeheim besuchte. Sie war nicht mehr in der Lage, sich alleine aufzurichten, zu bewegen oder gar das Bett zu verlassen. Zu einer weit fortgeschrittenen MS-Erkrankung war noch Krebs hinzu gekommen.
Schon mehrmals hatte ich erlebt, dass sehr viel Zeit verging, manchmal mehr als 20 Minuten, bis auf den Notruf jemand ins Zimmer kam. Frau I blieb während der Wartezeit in der Regel sehr ruhig. Sie war daran gewöhnt, dass es nicht schnell geht, wenn sie den Notruf drückt. Zu wenig Personal. Wenn eine Pflegekraft weit mehr als zehn Personen betreut, und beispielsweise drei der zu pflegenden gleichzeitig ein Problem haben, dann müssen zwei notgedrungen warten.
Das ist nachvollziehbar. Doch einen Tag erlebte ich, den ich so schnell nicht vergessen werde. Frau I war schon daran gewöhnt, dass von ihr erwartet wurde, in die Einlage zu „machen“, wenn sie Stuhlgang haben würde. Einen Blasenkatheter trug

sie ohnehin, sodass der Urin über einen Schlauch in ein Behältnis abging. Dass ihr jemand rechtzeitig die Bettschüssel reichen würde, war nicht vorgesehen wegen der Personalknappheit.
Doch an diesem Tag hatte Frau I Durchfall. Der Kot blieb nicht in der Einlage und verbreitete sich im Bett. Frau I betätigte den Notruf, damit jemand käme um sie und das Bett zu reinigen. Doch es kam niemand. Nicht nach einer halben Stunde und auch nicht nach einer Stunde. Ich traute mich nicht, Frau I zu helfen. Sie war viel zu schwer für mich, und überdies wusste ich nicht, wie man mit dem Katheter umgeht. Das sagte ich Frau I, und sie blieb erstaunlich gelassen. Ich dagegen war empört und innerlich aufgewühlt. Wo bleibt die Menschenwürde, wenn jemand stundenlang in seinem Kot liegen muss?
Es blieb nicht bei einer Stunde Wartezeit trotz mehrmaligen Läutens. Ich war mehr als drei Stunden bei Frau I. Während dieser Zeit kam niemand. Ich musste Frau I wegen eines anderen Termins verlassen, bevor ihr geholfen worden ist. Auf dem Nachhauseweg bekam ich das erste Mal in meinem Erwachsenenleben so richtig Angst. Denn mir wurde klar, dass ich soeben meine Zukunft erlebt hatte.

*Anmerkung: Später erfuhr ich, dass an diesem Tag eine Infektion mit Noro-Viren im Pflegeheim grassierte.*

# In der Nachtschicht stirbst Du einsam

Da ich wusste, dass Frau I seit mehreren Tagen kaum mehr ansprechbar war, ging ich an jenem Tag spontan ins Pflegeheim. Frau I erhielt extrem selten Besuch und hatte mich oft zwischen zwei bereits ausgemachten Besuchen angerufen, weil sie unter dem Alleinsein litt. Ich spürte eine seltsame Unruhe und wollte einfach nach ihr sehen.

Sie lag mit offenen Augen in ihrem Bett, die aber irgendwie blicklos wirkten. Ihr Gesicht zeigt kein Vorhandensein von Schmerz. Sie wurde von einer Palliativmedizinerin betreut. Daher machte ich mir keine Sorgen. Ich berührte sie leicht an der Schulter und sagte: „Hallo Frau I, ich bin’s, Frau Gebauer. Ich möchte nach Ihnen sehen. Wir brauchen nicht zu reden. Ruhen Sie sich aus. Eine Zeit lang bleibe ich bei Ihnen. Denn ich weiß ja, Sie sind nicht gern alleine“.

Meinen Stuhl stellte ich neben das Bett und begann in der Stille einen Rosenkranz zu beten. Sollte Frau I mich wahrnehmen können, dann würde sie das nicht verwundern oder stören. Sie war eine sehr fromme Frau, die ich aus meiner Pfarrgemeinde kannte.

Nach sehr langer Zeit kam eine Pflegekraft, um Frau I umzulagern und für die Nacht vorzubereiten. Ich hätte nun gehen können, aber ich beschloss noch zu bleiben. Irgendetwas hielt mich zurück. Ich bemerkte, dass die Atmung von Frau I sich verändert hatte. Es gab manchmal ungewöhnlich lange Pausen, Atemaussetzer. Ich wusste, dass diese Aussetzer normal waren in der Sterbephase. Aber ich wusste nicht, wie lange es dauern würde, bis der Tod eintritt.
Frau I würde sich geistlichen Beistand wünschen. Das war mir aus unseren Gesprächen bekannt. Eine Pflegekraft hatte schon lange nicht mehr herein geschaut, und ich wusste auch nicht, wo ich sie in dem weiträumigen Haus finden sollte. Sie musste sich um sehr viele Patienten kümmern. Daher rief ich den Pfarrer an, der Frau I schon mehrere Jahre begleitete. Er versprach, sofort zu kommen.

Frau I starb, bevor der Pfarrer eingetroffen war. Es war ein sanfter Tod, der mich mit seiner fast zarten Gegenwart sehr verwunderte. Ich hatte bisher noch niemanden sterben sehen. Vielleicht hatte ich insgeheim etwas Erschreckendes oder Dramatisches erwartet. Dieses Sterben hätte ich fast übersehen. Nur ein kleines Zittern der Lippen beim letzten Ausatmen und danach eine tiefe Stille.

Ich sagte der Pflegekraft Bescheid, nach der ich geläutet hatte, um ihr zu sagen, dass Frau I wohl gestorben sei. Sie bestätigte das und ging, um zu tun, was in so einem Fall vorgesehen war. Ich begann für Frau I zu beten.

Als der Pfarrer um Mitternacht immer noch nicht eingetroffen war, ging ich nach Hause. Mein Mann würde sich sonst Sorgen machen. Zu Haus angekommen, erzählte mir mein Mann, der Pfarrer hätte bei uns angerufen, weil er nicht ins Pflegeheim hinein gelangen konnte. Der Zugang war zur Nachtzeit abgeschlossen und es gab keine Klingel, um zu läuten.
Ich dachte mir, in der Nachtschicht darfst Du nicht sterben, oder du wünschst es Dir, dabei ganz allein zu sein.

*Anmerkung: Diese Begebenheit trug sich 2006 zu. Der Pfarrer beschwerte sich am nächsten Tag ausdrücklich bei der Heimleitung. Ob an dem Nachtzugang etwas geändert wurde, weiß ich nicht. Frau I war die letzte Patientin, die ich dort begleitete.*

# Letzter Ort

Mein letzter Ort wird sein
ein kleines Zimmer,
ein vergessenes.

Mein Leib wird dort gepflegt
wie es die Not erlaubt
und aufgebahrt im Schweigen.

Wenn im verirrten Licht
der Augen kein Erkennen
und im Salz der Worte
kein Geschmack mehr ist

erstirbt die Zahl der Hände
an der Klinke meiner Tür
bis auf das Maß der Pflicht.

Das Maß der Pflicht ist karg.
Nur schuldig dem Gesetz
kennt es die Hoffnung nicht,
weiß nichts von Glanz und Kraft
der ziellosen Geduld.

Kein Psalm und kein Gebet
durchdringt den stillen Raum,
in dem noch vor dem Leib
der Geist bestattet wird.

Dann sei in jenem tiefen Traum,
der sich nie mehr ins Wissen hebt,
wie Du es immer warst, bei mir.

# Heute ist ein guter Tag

Heute ist ein guter Tag, denn Rosa hat heute keinen Dienst. Rosa hält sich was darauf zugute, dass sie die Station stets im Griff hat. Außerdem kann sie jeden Patienten allein ins Bett oder hinaus befördern. Ihren letzten Griff habe ich noch tagelang gespürt und Minuten hat es gedauert, bis die Schmerzen verebbt sind und ich wieder durch mein Augenwasser blinzeln konnte.

Olga hat heute Dienst. Sie bleibt bei jedem ein wenig stehen. Ihr Repertoire an ermunternden Worten scheint im Laufe der Jahre seine Erneuerungsfähigkeit verloren zu haben. Aber sie schaut Dich so an, dass du spürst, sie meint wirklich dich und nicht ihr Über-Ich.

Heute ist ein guter Tag. Kein Feiertag, an dem die Verwandten einfallen wie die Fliegen, das Stationspersonal aufscheuchen, an allem herumnörgeln, um ihr schlechtes Gewissen abzureagieren, oder alles demonstrativ schön finden. Sie sind auch meist chronisch gekränkt, wenn ihre Liebesbeweise nicht genügend gewürdigt werden. Ihre Liebesbeweise stehen nach wenigen Tagen mit hängenden Köpfen auf den Fluren in den dekorativen Nischen. Kaum jemand hat Zeit, sie regelmäßig zu gießen. Papa Jakob von nebenan wäre besser gedient mit ein paar zusätzlichen Windelhosen, aber darüber spricht er nicht mit seinen Besuchern.

Bei mir fällt schon lange niemand mehr ein. Frühere Freunde haben darauf verzichtet, ihrer unausweichlichen Zukunft allzu tief in die Augen zu sehen. Christus kommt auch nur einmal im Monat oder auf dringende Anforderung. Selbst er ist schließlich darauf angewiesen, dass ihn jemand in die Pflegestation bringt.
Aber heute ist ein guter Tag! Vor allem, weil ich das große Los gezogen hab im Glücksspiel um den richtigen Moment. Früher glaubte ich, es ist eine erlernbare Kunst, zum rechten Moment wohl präpariert am richtigen Ort zu sein. Heute weiß ich, dass du über die entscheidenden Dinge keine Kontrolle hast, wenn es darauf ankommt. Zum Beispiel die Kontrolle über deinen Stuhlgang. Hier gehörst Du zu den Kings, wenn Du regelmäßig wie ein Uhrwerk, einplanbar für den Pflegedienst, die große Entleerung haben kannst.
Bei mir kommt der Stuhlgang, wann er will, und dann liege ich in der Scheiße. Ausgesprochenes Pech habe ich, wenn es zur falschen Zeit passiert. Wenn alle auf der Station die Hände voll zu tun haben – z.B. mit Essen eingeben. Dann kann es mehrere Stunden dauern. Früher habe ich mir solche Situationen gar nicht vorstellen können, und wenn, dann dachte ich, das größte Problem sei die Scham, wenn man um Hilfe bitten muss. Quatsch!

Auch der Ekel ist es nicht. Das Brennen in den empfindlichen Bereichen und die Angst, ob die alte Stelle wieder aufgehen wird. Die Feigheit, die dich daran hindert nach einer Stunde ein zweites Mal zu läuten und für die du dich verachtest.
Aber heute ist ein guter Tag. Es passierte kurz vor dem Ende der Nacht. Wenn ich jetzt läute, dann kommt der Nachtdienst – beinahe sofort.

## Wie ich eine Nacht mit Herrn F verbrachte

Als ich Herrn F auf der Palliativstation besuchte, begann der vorletzte Abend seines Lebens, aber das wusste ich nicht. Seine Tochter, die nicht wollte, dass er allein bleiben sollte, hatte für diese Nacht keine Zeit und den Hospizverein Regensburg um eine Nachtwache gebeten.
Abgemagert war Herr F und blass, und er hatte, nachdem seine Tochter mich vorgestellt hatte, keine große Lust zu reden. Mir war erzählt worden, dass er aktuell unter sehr quälenden Hustenanfällen litt und nur extrem wenig trinken sollte.

Vielleicht war ein Gespräch schlicht zu anstrengend für ihn. Ohnehin hatten wir in unserer Ausbildung beim Hospizverein gelernt, dass stets der Patient „Regie“ führen sollte. Wollte er reden, dann war aktives Zuhören gefragt und eine wertschätzende Spiegelung dessen, was er gesagt hatte. Wollte er schweigen, dann galt es still zu sein.
Herr F wollte offensichtlich seine Ruhe, und so legte ich mich auf das zweite Bett in seinem Zimmer. Ich war besorgt, denn ich wollte nicht einschlafen, sondern wach sein, wenn er mich brauchte. Im Zimmer war es dunkel. Ich vertrieb mir die Zeit mit lautlosem Beten.

Nach längerer Zeit machte Herr F das Licht an und richtete sich im Bett auf. Ich stand sofort auf und fragte, ob ich etwas für ihn tun könne. Er sage, er wolle eine rauchen und deutete auf den Rollstuhl in seinem Zimmer. Es war nicht schwer, Herrn F beim Anziehen einer Trainingshose und einer Jacke zu helfen. Auch in den Rollstuhl konnte er sich mit nur wenig Unterstützung setzen. Er wusste, wo das Raucherzimmer war und ich schob ihn dorthin.

Erst im Raucherzimmer, das sehr freundlich eingerichtet war, sah ich, wie schlecht es Herrn F ging. Er saß in seinem Stuhl und hatte kaum Körperspannung. Die Zigarette hing so lose zwischen den kraftlosen Fingern, dass ich ernstlich besorgt war, sie könnte ihm entfallen. Ich hielt einen zweiten Aschenbecher in der Hand, um sie notfalls aufzufangen. Es ging auch offensichtlich gar nicht darum, die Zigarette zu genießen oder die Sucht zu befriedigen. Er führte sie kaum dreimal an den Mund. Es ging vielleicht eher um das Ritual. Die Zigarette als ein Symbol von Entspannung und Leichtigkeit, die vertraute Verbündete gegen den Stress.

Bald wollte Herr F wieder auf sein Zimmer. Noch zwei Mal machten wir unseren nächtlichen Ausflug über den totenstillen Flur ins Raucherzimmer. Als Herr F nach unserem dritten Ausflug wieder auf seiner Bettkante saß, hatten wir unser erstes und einziges Gespräch. Er sah nach einem heftigen und langen Hustenanfall wirklich sehr gequält aus und sagte: „Jetzt reicht's endgültig, ich mag nimmer". Wie ich zu meiner Antwort kam, die ich sehr spontan äußerte, nur meinem Gefühl folgend, weiß ich bis heute nicht. Sie entsprach ganz und gar nicht meinen sonstigen Sprachgewohnheiten. Ich sah ihm ins Gesicht und sagte: „Ja, das versteh ich, es ist wirklich scheiße!"

Da ging ein Grinsen über sein Gesicht und es war, vielleicht eine kleine Sekunde lang, etwas von seiner früheren verschmitzten Lebendigkeit zu sehen. Er fühlte sich offenbar ernst genommen und konnte wohl die ewigen Beschwichtigungen, „es wird schon wieder“, nicht mehr ertragen.
Am Galgen seines Bettes sah ich einen Rosenkranz hängen. Ich sagte zu Herrn F: „Vielleicht mache ich jetzt einen Fehler, dann verzeihen Sie mir bitte. Ich sehe dort einen Rosenkranz hängen. Wenn Sie möchten, dann können wir gemeinsam beten“. Da sagte er einfach „ja“, aber mit dem Zusatz „bitte nicht das Übliche“. Da formulierte ich ein freies Gebet. Es enthielt eine Klage, dass Gott doch wisse, es ist jetzt genug, es ist nicht mehr auszuhalten, und es schloss mit der Bitte, Gott möge es genug sein lassen und ein gutes Ende schenken.
Danach legte Herr F sich hin und konnte endlich etwas Schlaf finden. Als mich um sieben Uhr die Krankenschwester ablöste, schlief Herr F immer noch, und ich wollte ihn nicht wecken. So ging ich ohne Abschied.
Herr F starb anderthalb Tage später.

# Ich sitze hier und schneide Speck

Frau W habe ich im Pflegeheim nur einmal gesprochen. Es hat sich ganz spontan so ergeben. „Meine“ Patientin wollte überraschend an diesem Tag keinen Besuch. Ja, auch das kommt vor, und wir Hospizbegleiter respektieren so einen Wunsch, auch wenn wir ihn nicht verstehen. Wir lassen uns wegschicken und kommen immer wieder mit unserem Angebot, da zu sein und Nähe zu schenken.
So hatte ich Zeit für Frau W, die mich ansprach und offensichtlich gern reden wollte. Sie erzählte von ihrem Sohn, der weit weg von Regensburg lebt und ein gefragter Spezialist sei. Es war viel Verständnis vorhanden für die Situation ihres Sohnes, der sie nicht zu sich nehmen könne. Aber auch eine unsagbar tiefe Traurigkeit war um sie gebreitet, wie eine schwarze Mantille.
Einsicht in unvermeidliche Einschränkungen ist eine kognitive Angelegenheit. Zum Notwendigen können wir zähneknirschend oder demütig „ja“ sagen. Die Bedürfnisse und Gefühle reden aber dennoch eine ganz andere Sprache als die Vernunft uns einsagen will. Bei Frau W. kam der innere Protest gegen ihre Verlassenheit im Gespräch immer wieder zum Durchbruch, an ganz unerwarteten Stellen. Völlig aus dem Zusammenhang gerissen tauchte wie ein Leitmotiv immer wieder der Satz auf. „Ich sitze hier und schneide Speck, und keiner kommt und

holt mich weg".
Nach unserem Gespräch sah ich Frau W. nie wieder. Kam sie in ein anderes Heim? Hat ihr Sohn doch eine Möglichkeit gefunden, sie zu sich zu holen? Oder hat sie der geholt, der durch keinen Speck angelockt und durch kein Flehen aufgehalten werden kann?

## Frau B lehrt mich „nein" sagen

Frau Bs Freundin hatte beim Hospizverein Regensburg eine Nachtwache angefordert. Sie engagierte sich wirklich bis an ihre Grenzen, um das Versprechen zu halten, dass sie Frau B gegeben hatte, sie mit ihrer schweren Krebserkrankung nicht allein zu lassen. Aber nun brauchte sie eine Pause und wollte sie nutzen, um einmal unbeschwert mit Freunden ausgehen zu können.
So kam ich in Frau Bs Wohnung, um eine Nacht mit ihr zu verbringen. Wir machten uns bekannt und einigten uns darauf, dass ich Frau B etwas vorlesen würde. Während des Vorlesens schlief sie ein. Ich legte mich auf ein Sofa im angrenzenden Zimmer. Die Tür zu Frau Bs Zimmer blieb offen, damit ich sie hören könnte, wenn sie etwas brauchte. Nach längerer Zeit hörte ich auch ein leises Rufen und ging zu Frau B.

Sie musste Wasser lassen und wollte, dass ich ihr auf den Toilettenstuhl helfe. Wenige Tage zuvor hatten wir einen Praxistag zum Thema häusliche Pflege absolviert. Dabei übten wir, wie man einer Person aus dem Pflegebett in einen Stuhl und wieder zurück helfen kann. Die Übung hatte mir damals keine Schwierigkeiten gemacht und ich traute mir das zu. Zudem wäre es mir sehr schwer gefallen, Frau B diese Bitte abzuschlagen.
Dieser Versuch zu helfen, wäre um ein Haar schief gegangen. Ich hatte die Schwäche von Frau B völlig unterschätzt. Sie hatte keinerlei Körperspannung mehr und konnte meinen Versuch, sie zu bewegen überhaupt nicht unterstützen. Auf den Toilettenstuhl brachte ich sie gerade noch. Doch beim Versuch, ihr wieder ins Bett zu helfen, geriet ich richtig in Schweiß. Vor Anstrengung und aus Angst. Wie ein schwerer Sack hing sie an mir. Was sollte ich tun, wenn ich es nicht schaffte? Ich hätte nur 112 anrufen können.
Die restliche Nacht verlief ohne weitere Zwischenfälle. Aber ich hatte etwas Entscheidendes gelernt. Als Hospizbegleiterin muss ich auch nein sagen können. So unangenehm das auch ist, die Erfüllung einer Bitte verweigern zu müssen.

## Was soll ich mit der reden?

Frau A war sehr skeptisch. Warum sollte eine fremde Frau ins Haus kommen? Probleme werden in der Familie gelöst; und überhaupt, „was soll ich mit der reden? Ich kenne sie doch gar nicht.“ Aber ihre Tochter bestand auf den Besuch der unbekannten Frau. Sie musste nach etlichen verschobenen Terminen nun selbst dringend einen Facharzt aufsuchen und konnte die Mutter nicht allein lassen. Allerdings wagte sie nicht zu sagen, dass es sich bei dem Besuch um eine Hospizbegleiterin handelte.
So lernte ich Frau A kennen, die an Krebs erkrankt war und von ihrer Tochter liebevoll zu Hause gepflegt wurde. Würde ich eine Chance bekommen, Frau As Skepsis zu vermindern?

Der Hund, der bei ihr lebte, wurde für mich zum „Türöffner“. Er sprang mir mit lautem Gebell entgegen und führte sich nach Hundeart auf, wie bei jedem Fremden, der plötzlich vor „seiner“ Tür steht. Ich wich nicht zurück sondern sagte: „Du passt aber wirklich gut auf, bist ein ganz braver. Komm, machen wir uns bekannt.“ Frau A sagte, „Sie haben ja gar keine Angst, mögen Sie Hunde?“. „Ich kenne Hunde von klein auf“, war meine Antwort, „denn mein Vater hatte immer einen Hund“. Schon hatte sich ein Anknüpfungspunkt für ein Gespräch ergeben.

Frau As Tochter staunte nicht schlecht, als sie uns bei ihrer Rückkehr in ein Gespräch vertieft vorfand. Wir trafen uns noch viele Male, und unsere Gespräche wurden immer vertrauter. Eines hat mich besonders tief beeindruckt, sodass ich es bis heute nicht vergessen habe. Frau A erzählte von ihrer Kindheit. Der Vater war kurz nach dem Krieg gestorben und die Mutter musste die Kinder ganz allein aufziehen. Es ging streng und sehr karg zu. Nach Beendigung der Volksschule war es keine Frage, dass die Tochter schnell Geld verdienen musste. Eine Lehre kam nicht in Frage. Aber das hat Frau A nicht so sehr bedrückt wie die fehlende Liebe ihrer Mutter.

Frau As Mutter gehörte offenbar zu den Frauen, die ihre Liebe nicht zeigen konnten. Es gab keine Umarmungen, kein miteinander Schmusen, keine Koseworte. Es wurde Gehorsam erwartet und Mithilfe bei den Aufgaben des Alltags. „Sie war eigentlich gar nicht wie eine richtige Mutter“, erzählte Frau A, „und ich dachte mir schon als Mädchen: wenn ich einmal Kinder habe, will ich es anders machen.“ Dieses „ich will es anders machen“ wurde zu ihrem Lebensmotto. Sie hat es auch wirklich geschafft. Das zeigte die innige Beziehung zwischen Mutter und Tochter, die ich bei jedem Besuch erleben durfte.

## Wohin sollen wir gehen?

Der Hospizverein Regensburg bat mich, eine Nacht im Pflegeheim bei Herrn K zu verbringen. Herr K hatte Tumore in seinem Gehirn und litt u.A. an Symptomen, die so ähnlich auch bei einer Demenz auftreten können. Um zu verhindern, dass er sich bei seinen beständigen Versuchen Bett und Zimmer zu verlassen, selbst verletzte, wurde Herr K jeden Abend in seinem Bett fixiert, wogegen er sich stets massiv wehrte. Meine Aufgabe sollte es sein, zu beobachten, was Herr K die Nacht hindurch unternehmen würde, wenn er nicht fixiert ist. Ob die Fixierung wirklich sein muss. Tagsüber war er schon seit längerem durch eine starke Weglauf-Tendenz aufgefallen. Es konnte geschehen, dass er in einem unbeobachteten Moment mit seinem Rollstuhl einfach aus dem Haus und orientierungslos ins Ungewisse fuhr.

Als ich Herrn Ks Zimmer betrat, sah ich als erstes eine große Luftmatratze vor seinem Bett liegen. Wenn er bei seinen Fluchtbewegungen fallen sollte, dann würde er wenigstens nicht auf den harten Boden stürzen. Gefährlich konnte es immer noch werden, wenn Herr K gegen eine harte Möbelkante, z.B. gegen eine Tischecke, prallen würde.

Der Pfleger, der mich ins Zimmer begleitete, löste die Fixierung, und sagte, er würde ab und zu kommen, um nach dem Rechten zu sehen. Aber so oft, wie er eigentlich möchte, könne er nicht vorbeischauen. Sie seien nur zu zweit für Bewohner auf drei Stockwerken. Sollte ich mit Herrn K in eine Situation geraten, die ich allein nicht bewältigen könne, dann sollte ich den Notruf betätigen.

Ich begrüßte Herrn K und sagte, dass ich vom Hospizverein komme. Frau W, die sonst immer zu Besuch gekommen ist, sei heute verhindert. Wir könnten reden, wenn er das möchte. Es wäre aber genau so gut, wenn er lieber seine Ruhe haben wolle.
Durch seine Erkrankung war Herr K schon sehr geschwächt und ich fragte mich, warum er überhaupt fixiert werden müsse. Ich konnte mir nicht vorstellen, wie er allein aus dem Bett kommen sollte. Doch darüber sollte mich Herr K – mehrmals in dieser langen Nacht – eines Besseren belehren.

Er war dabei erstaunlich erfindungsreich und nützte jede Möglichkeit, sich abzustützen und fest zu klammern, um dann mit Hilfe der Schwerkraft sein Bett zu verlassen. Er redete dabei nicht und forderte auch keine Hilfe an. Außerhalb des Bettes ruhte er erst einmal aus. Er bewegte sich im

Zimmer auf den Knien rutschend, hatte aber offensichtlich keine Lust auf ein Gespräch. Auch in dieser ungewöhnlichen Situation respektierte ich seinen Wunsch. Ich hätte auch kaum Ideen zu einer Unterhaltung gehabt, da ich Herrn Ks Biografie nicht kannte. In welchen Geschichten er lebte oder was ihn interessieren könnte, war mir leider nicht bekannt.

Herr K konnte zwar sein Bett trickreich verlassen, aber er kam nicht mehr alleine hinein. Für mich war er zu schwer. Wir mussten auf den Pfleger warten, der Herrn K wieder ins Bett half. Das ging so mehrere Male. Alles, was ich tun konnte, war zwischen Herrn K und spitze Möbelecken zu treten, damit er nicht dagegen stoßen konnte.

Als Herr K gegen 2:00 Uhr wieder Anstalten machte, sein Bett zu verlassen, setzte ich mich zu ihm auf den Bettrand. Ich zeigte ihm die Uhr und sagte mit möglichst ruhiger Stimme: „Wohin sollen wir gehen? Es ist dunkel draußen. Alles ist geschlossen. Die Post ist zu, die Banken auch, alle Geschäfte sind zu, und die Wirtshäuser sind auch geschlossen. Da sah er mir ins Gesicht, als wolle er meine Vertrauenswürdigkeit prüfen. Ich hielt seinem Blick stand, und er legte sich tatsächlich wieder zurück.

Aber lange hielt diese Ruhe nicht vor. Nach ungefähr einer halben Stunde „turnte" Herr K wieder aus seinem Bett, und auch die Geschichte mit der Uhr und den verschlossenen Möglichkeiten da draußen funktionierte kein zweites Mal.

Nach einer schier endlos scheinenden Nacht musste ich einsehen, dass Herr K beschützt werden musste. Es gab niemanden, der jede Nacht in seinem Zimmer wachen konnte. Was wäre erträglicher für ihn? Die Fixierung oder eine Sedierung? Ich musste einsehen, dass es manchmal keine ideale Lösung gibt.

Herr K starb wenige Tage später.

# Wartendes Schweigen

Herr P lag im Burglengenfelder Krankenhaus und wurde von seinem Sohn betreut, der sich dabei bis zur Erschöpfung engagierte. Von einer Hospizbegleiterin im Krankenhaus erfuhr er, dass es Hilfe für seine Situation gibt. Bei der Hospizinitiative der Caritas könne er eine Begleitung für seinen Vater anfordern um bei der Betreuung entlastet zu werden. Dieser Dienst sei kostenlos.
So lernte ich Herrn P und seinen Sohn kennen. Wir einigten uns darauf, dass der Sohn vormittags seinen Vater betreuen würde und ich ihn am späten Mittag bis zum Abend ablösen würde.

Es war sehr still in Herrn Ps Krankenzimmer. Er atmete ruhig und erhielt über eine Spritzenpumpe offenbar kontinuierlich eine Medikation, die ihn in einen tiefen Dämmerschlaf versetzte.
Herr P war der erste Patient, dem ich nie im wachen Zustand begegnet bin. Ich setzte mich ruhig an sein Krankenbett. Es erschien mir nicht richtig, nur physisch da zu sein und mich geistig mit etwas anderem abzulenken, z.B. mit Zeitschriften oder einem Buch. Andererseits wusste ich zu wenig über ihn, um beispielsweise Gebete für ihn zu sprechen oder Lieder zu singen. Er sollte spüren, dass jemand bei ihm war, ihm zugewandt, falls er doch einmal aus dem Schlaf ein wenig an die Oberfläche kam.

Vier Tage vergingen so ohne besondere Ereignisse. Bei der Ablösung am fünften Tag sagte Herr Ps Sohn zu mir: Ist das nicht schrecklich, wie mein Vater so da liegt und weder sterben noch leben kann?“ Ich versuchte ihn zu beruhigen. „Schauen Sie, Ihr Vater liegt ganz ruhig da in tiefem Schlaf, atmet regelmäßig und trägt keine Anzeichen von Schmerz in seinem Gesicht. Zwar kann ich es nicht wissen, aber ich frage mich, ob er vielleicht auf jemanden wartet und darum nicht gehen kann.“
Der Sohn antwortete: „Meine Mutter war noch nicht bei ihm. Wir wollten ihr den Anblick ersparen. Sie sollte ihn so in Erinnerung behalten, wie er vorher war.“ Ich entgegnete ihm: „Denken Sie noch einmal darüber nach, ob das die beste Entscheidung ist.“

Am nächsten Tag öffnete sich nachmittags die Tür und Herrn Ps Sohn betrat das Krankenzimmer zusammen mit einer grauhaarigen Frau. Ich verließ den Raum, um den Abschied nicht zu stören. Nach dem Besuch setzte ich die Sitzwache fort. Am nächsten Tag erfuhr ich, dass Herr P friedlich eingeschlafen war.

# Gestorben wird im Fernsehzimmer

Meine Besuche bei Frau L wurden angefragt, weil die Familie nicht in der Lage war, die Seniorin häufig zu besuchen. Frau L litt, wie viele hochbetagte Menschen, an mehreren Krankheiten, u.a. an Demenz. Ihr Tod schien nicht mehr weit entfernt zu sein.
Sie bewohnte im Pflegeheim ein Doppelzimmer. Ich fand sie still in ihrem Bett liegend. Auf meine Begrüßung antwortete sie nicht. So setzte ich mich an ihr Bett und versuchte herauszufinden, was ihr gut tun könnte. Es war sehr laut im Zimmer, denn der Fernseher lief und war für die offenbar schwerhörige zweite Bewohnerin eingeschaltet. Ich traute mich nicht, das Gerät auszuschalten. Damit würde ich ja die zweite Bewohnerin in ihren Bedürfnissen einschränken. Sollte sie auch dement sein, dann wäre es vielleicht schwierig zu vermitteln, warum der Fernseher ausgeschaltet werden sollte.

Ich nahm Frau Ls Hand. Vielleicht würde es ihr gut tun, die Nähe eines Menschen zu spüren. Wegen des lauten Fernsehens und weil ich nicht wusste, ob Frau L mich noch verstehen konnte, redete ich nicht mit ihr. Aber sie schien mich wahrzunehmen. Manchmal traf mich ein Blick von ihr, der zu fragen schien „Na, bist du noch da?“. Sogar ein stilles Lächeln sah ich.

Nach einiger Zeit nahm ich eine Unruhe bei ihr wahr und fragte mich, ob ihr die Berührung vielleicht doch unangenehm wurde. Um das herauszufinden, nahm ich meine Hand wieder zurück. Da wandte Frau L, die sich bisher kaum bewegt hatte, ihren Kopf zu mir, sah mich direkt an und schaute, als wolle sie fragen „Was machst du denn da? Es war doch alles gut bisher." Gerne gab ich ihr wieder meine Hand und lächelte sie an.

Das laute Zimmer irritierte mich während des ganzen Besuchs sehr. So würde ich nicht sterben wollen. Im „Fernsehzimmer", zwischen Nachrichten, Werbespots und Soap Opera. Diese Begleitumstände erschien mir respektlos und würdelos.

## Als meine Antennen versagten

Wenn eine Begleitung beginnt, beginnt auch eine Beziehung. Es sei denn, die „Chemie" zwischen begleiteter Person und Hospizhelferin stimmt nicht. Darum ist ausdrücklich vorgesehen, dass jede der beiden Personen offen den Wunsch aussprechen kann, die Begleitperson zu wechseln. In nahezu 20 Jahren ist mir das noch kein Mal passiert. Aber einmal war ich kurz davor, um einen Wechsel zu bitten.

Frau M kam nicht freiwillig ins Pflegeheim. Ihr Gesundheitszustand ließ ein Leben zu Hause wirklich nicht mehr zu. Ihre Familie konnte eine vierundzwanzigstündige Betreuung einfach nicht gewährleisten. Bei unserem ersten Gespräch betonte Frau M, dass sie hier nur kurze Zeit bleiben würde. Sobald es ihr besser ginge, käme sie wieder nach Hause.
Ich wusste, dass Frau M nicht nur zur Kurzzeitpflege da war, sondern als bleibende Heimbewohnerin. Allerdings in der Erwartung, dass sie nicht mehr sehr lange leben würde. Darum war ich auch angefordert worden. Die Tochter von Frau M machte sich Sorgen, weil sie nicht so oft, wie sie es sich gewünscht hätte, zu Besuch kommen konnte. Sie hoffte, mit meinen zusätzlichen Besuchen könnte Frau M sich leichter in ihre neue Umgebung eingewöhnen und wäre nicht so oft allein.

Was sollte ich Frau M antworten auf ihre Behauptung, bald wieder nach Hause zu kommen? Ich ließ das so stehen und reagierte lediglich auf ihre Aussage, dass es ihr bald besser gehen würde, mit einem „das wünsche ich mir auch!“ Aber ich sah deutliche Zeichen, dass Frau M Schmerzen hatte. Immer wieder zuckte sie zusammen und verzog das Gesicht. Ich fragte Frau M, ob sie Schmerzen habe und ob sie mit der Pflegerin schon darüber gesprochen habe. Als Antwort erhielt ich

„Ach, die! Hier läuft doch alles verkehrt“. Ich antwortete: „Ja, wenn man von zu Hause weg muss und hierher kommt, dann ist erst einmal alles verkehrt“. Aber vielleicht würde es nach und nach besser werden. Das würde ich ihr jedenfalls von Herzen wünschen. Nur eine gute Stunde blieb ich bei Frau M, denn ich hatte den Eindruck, mein Besuch war ihr auf Dauer nicht so angenehm. Sie wurde immer unruhiger.
Auf dem Weg nach draußen suchte ich die Pflegerin und teilte ihr mit, dass Frau M meiner Meinung nach starke Schmerzen habe. Sie möge doch bitte einmal nachschauen und das abklären.

Aber bei meinem nächsten Besuch hatte sich nichts geändert. Frau M zeigte immer noch deutliche Anzeichen von Schmerzen. Ich sprach die Pflegerin nochmals auf das Problem an. Frau M wurde von Pallicura betreut, und ich ging davon aus, dass die Pflegerin das auch wusste. Es musste doch in der Akte von Frau M stehen. Zur Sicherheit rief ich noch bei der Tochter an und erwähnte, dass meiner Meinung nach Frau M in Bezug auf Schmerzen nicht optimal eingestellt worden sei. Sie möge das doch bitte mit Hilfe von Pallicura überprüfen.

Erst bei meinem nächsten Besuch sah ich, dass Frau M schmerzfrei war. Aber das verbesserte das Klima zwischen uns nicht wirklich. Ich stimmte nicht ein in ihre Klagen über das Pflegeheim. Wie ich es gelernt hatte, spiegelte ich ihr zurück, dass ich verstehe, wie schwer das alles für sie sei. Aber vielleicht wäre es gut, nicht immer nur auf das Schlimme zu schauen. Ich versuchte das Thema zu wechseln und eine Zeit lang redeten wir dann auch über unsere gemeinsame Freude, das Wandern, vor allem in den Bergen. Auch wenn wir das jetzt nicht mehr können, wären es unvergesslich schöne Bilder der Erinnerung.

Ich dachte, jetzt hätte ich ein Thema gefunden, das von der Pflegeheimsituation ablenken könnte. Doch bei meinem nächsten Besuch erlebte ich eine Überraschung. Frau M weigerte sich rundweg, meinen Besuch anzunehmen. Sicherheitshalber fragte ich noch einmal nach, ob ich auch richtig verstanden hätte. „Ja, ich will keinen Besuch“. Das war deutlich genug und ich respektierte das selbstverständlich. Ich fühlte mich nicht gekränkt, denn ich wusste, die Ablehnung galt nicht mir persönlich. Sie war wohl eher ein Protest gegen die Unterbringung im Pflegeheim. Doch ich stellte mir dennoch die Frage, ob ich die richtige Begleit-person für Frau M war.

Ich würde zum nächsten Besuchstermin hingehen und meinen Besuch erneut anbieten, und ich hatte vor, in der Supervision das Problem zu besprechen. Irgendwie hatten meine Antennen bei Frau M nicht funktioniert. Meine Reaktionen auf ihren erzwungenen Heimaufenthalt waren offensichtlich nicht das, was sie gebraucht hätte. Beim nächsten Besuch würde ich versuchen sensibler zu sein. Aber zu einem nächsten Besuch ist es nicht gekommen. Frau M starb vorher.

## Er, der immer kommt, ist nicht da.

Er, der immer kommt, ist heute nicht da. Seinen Namen weiß ich nicht. Aber er kennt meinen, und wenn er mich ansieht, ist etwas in seinen Augen, das mich an Sommerträume denken lässt, an warmen Wind auf der Haut.

Manchmal kann ich mit ihm hinaus. Er sagt stets nette Sachen: „Sieh doch die Hyazinthen. Die magst Du doch. In jedem Frühjahr hast Du kaum erwarten können, dass sie blühen.“ Die Blumen haben plötzlich wieder Namen und lächeln mir zu.

Er hält manchmal meine Hand, obwohl ich ihn nicht kenne, und es fühlt sich nicht verkehrt an. Aber heute ist er nicht da. Wie soll ich nach ihm fragen, ohne seinen Namen zu wissen?

Er ist meistens geduldig und freundlich. Nur manchmal schaut er traurig. Vor allem, wenn ich „Sie“ zu ihm sage. Nun ja, er ist mir nun einmal nicht bekannt. Aber, was macht es schon, ein „Du“ zu verschenken, wenn damit Traurigkeit vertrieben werden kann.

Wenn er mir beim Essen hilft, sagt er nur wenig. Er ist ganz konzentriert und behauptet nicht beständig „das schmeckt uns heute aber bestimmt gut“. Wenn ich etwas nicht mag, weiß er es meist schon, bevor ich etwas sage. Ich muss es dann nicht essen. Aber heute ist er nicht da. Die Frau in der gelben Bluse hilft heute beim Essen. Sie hat nicht so viel Geduld.

Ob ich ihn wohl verärgert habe? Ich muss etwas falsch gemacht haben. Er ist immer gekommen, und heute ist er nicht da.

*Anmerkung: Dieser Text entstand 2020, als wir unsere Patienten in Pflegeeinrichtungen während des Lock Downs nicht besuchen durften.*

# Beschützt

Wo das Licht fehlt,
aus lächelnden,
vertrauten Augen,
ist sehen nicht mehr nötig.

Wo Berührung fehlt,
bergende, verlockende
Begegnung,
ist aufstehen keine Option.

Wo das Wort fehlt,
das nur die geteilte
Liebe sagen darf,
schmeckt kein Essen mehr.

So fand ich sie.
Ein schmales Gesicht
ins Kissen geneigt,
gepflegt, beschützt und tot.

## Ach, die ist ja dement

Weißes Haar, zahnloser offener Mund, das Gesicht der Wand zugekehrt. Das war mein erstes Bild von Frau K. Sie bewegte sich nicht, schien zu schlafen, und ich dachte: Vielleicht träumt sie etwas Schönes; jedenfalls will ich ihre Ruhe nicht stören. Leise verließ ich das Zimmer und wollte am nächsten Tag wieder kommen.
Am nächsten Tag war Frau K wach, reagierte aber so gut wie gar nicht auf meine Anwesenheit. Nun ja, sie kannte mich nicht und hatte mich auch nicht zu sich gebeten. Ich sagte: „Grüß Gott, Frau K, ich komme vom Besuchsdienst und bleibe ein wenig bei Ihnen, wenn Sie das mögen." Als Antwort erhielt ich ein „ja freilich, das ist recht". Aber sonst sprachen wir nicht mehr miteinander. Frau K war sehr unruhig und begann kurze Zeit nach unserer Begrüßung zu rufen. „Muatter, Muatter, Muatter..." und später „Anni, Anni, Anni...". Ihre Stimme hatte einen dringlichen, schmerzlichen Ton. Es bedrückte mich sehr, keine Antwort auf ihr Rufen zu wissen. Ich beschloss, den Besuch mit einem Abschiedswort abzubrechen. Vielleicht war ich, eine unbekannte Frau, die plötzlich wie aus dem Nichts auftauchte, der Grund für ihre Unruhe. Ein wenig war mein Weggehen wie eine Flucht.
Auf dem Gang begegnete mir eine Pflegekraft. Ich muss wohl einen bekümmerten Eindruck gemacht haben, denn sie fragte mich, ob ich ein Problem

habe. Ich erzählte von meinem Besuch bei Frau K und ihrem beständigen Rufen. Sie „beruhigte" mich mit den Worten: „Ach die schreit immer so, die ist ja dement". Das klang so wie „da ist ja jede Mühe vergebens". Aber das wollte ich so nicht hinnehmen.

Ich habe Frau K mehrere Monate begleitet und werde sie nie vergessen, denn sie hat mich viel über Demenz gelehrt. Es würde zu lange dauern zu beschreiben, was ich alles ausprobiert habe. Immer mit einem wachsamen Blick auf Frau Ks Reaktion. Zeigt sich Unmut in ihrem Gesicht? Verändert sich ihr Atem? Wirkt sie noch angespannter? Aber unseren schönsten gemeinsamen Moment will ich doch erzählen.

An der Schranktür in Frau K's Zimmer hing ein Zettel mit biografischen Hinweisen. Dort stand auch, dass sie sehr fromm und eine regelmäßige Kirchgängerin gewesen sei. Also nahm ich einmal mein Gesangbuch mit und bot Frau K an, wir könnten doch ausprobieren, ob Singen eine schöne Sache sein könnte. Eine ganze Stunde lang sang ich Marienlieder rauf und runter. Nicht nur, dass Frau K eine ganze Stunde nicht nach ihrer Mutter oder ihrer Schwester Anni rufen musste, bei einigen Liedern sang sie zwei, drei Strophen vollständig mit. Ich erhielt ein wunderschönes Lächeln geschenkt und hörte: „Mei, is des schee, Sie kommen fei wieder, gell?"

# Die ist ja dement

Fremdes Gesicht
an deinem Bett.
Unerwartet,
nicht eingeladen.

Bietet ein Lächeln an
und eine Hand.
Unterbricht den Schrei
nach Mutter und Schwester.

"Bin ja ich da" -
ein zaghafter Versuch.
Erst über die Blumen
in deinem Garten
finden wir
in eine gemeinsame Welt.

## Fünf Minuten

Einmal besuchte ich Frau K kurz vor der Zeit des Nachmittagskaffees. Eine Pflegekraft erschien im Türrahmen. Sie hatte Kaffee und Kuchen bei sich. Sie sagte mir, es würde nicht lange dauern, und ich könne auf dem Flur warten. Ich verließ das Zimmer, sie betrat es, ließ aber die Zimmertür offen. Ich blieb in der Nähe der Tür, um meinen Besuch fortzusetzen, wenn die Pflegekraft heraus kam.
So erhielt ich Kenntnis von einem, für mich unerwarteten, Ablauf. Frau K brauchte Hilfe beim Essen und Trinken. Die erhielt sie auch. Die ganze Prozedur dauerte 5 Minuten und es fiel dabei kein einziges Wort.

Ich dachte unwillkürlich, das hätte auch ein Roboter tun können. Vielleicht hätte der in einem freundlichen Programm noch ein paar Worte gefunden, um die Kaffeepause mit Wärme zu erfüllen. Wie sehr muss jemand durch beständige Überlastung und Überforderung abgestumpft sein, um eine „Kaffeepause“ so zu „gestalten“. Diese Erfahrung hat mich sehr aufgewühlt. Ich empfand Traurigkeit für Frau K, aber auch für die Pflegekraft.

# Keine Heimat mehr im Jetzt

Fluchtwege
ohne Ankunft.
Keine Heimat mehr
zwischen Wenn und dann.

Vom Unbekannten
eingekreist.
Gesichtslos schon
die Frühstückstasse
schenkt auch der leere Tag
nicht einen Halt.

Doch manchmal
ein Lied
wie ein Fenster im Grau,
ein Lichtstrahl
der nichts fordert.

# Mit den Füßen voran

Dies ist wohl der letzte Ort für mich, bevor man mich mit den Füßen voran hinaus trägt. Freiwillig bin ich nicht hierher gekommen. Ob ich mit innerer Zustimmung und im Frieden einmal „gehen“ werde? Noch bin ich dabei, mich hier einzurichten und das fällt schwer genug.
Das Zimmer ist klein, aber hell und freundlich. Es enthält, was dringend gebraucht wird. Ein Pflegebett mit Nachtkasten, einen Schrank, einen Tisch mit zwei Stühlen (mehr als zwei Besucher scheinen nicht vorgesehen zu sein). Eine kleine Anrichte bietet Platz für Persönliches und für den Fernseher, meinen Zugang zur Außenwelt. Denn nach draußen werde ich nur sehr selten kommen. Ich brauche Hilfe beim Anziehen und komme nicht alleine in den Rollstuhl.

Hilfe ist hier grundsätzlich vorhanden, aber doch ein knappes Gut. Du kannst nicht damit rechnen, für ein dringendes Bedürfnis zeitnah Hilfe zu bekommen. Als erstes musst du lernen, Dich von „Selbstverständlichkeiten“ zu verabschieden. Du bist nicht der Herr über deinen Tagesablauf. Er ist dir vorgegeben. Was du essen wirst, hat nichts mehr mit deinen Vorlieben zu tun, sondern mit dem Speiseplan. Der lässt dir die Wahl zwischen zwei Möglichkeiten, und die heißen manchmal fade oder kaum genießbar. Wenn du gewohnt warst, aus frischen Zutaten Zubereitetes zu essen, trifft es dich besonders hart. Denn hier wird nicht gekocht, sondern geliefert.

Mit wem du Zeit verbringen möchtest, liegt auch nicht mehr in deiner Entscheidung. Du gehörst zu einer Wohngruppe, in die du eingeteilt wirst. Darunter sind demente Menschen, die stundenlang „hallo“ rufen. Auch die geistig Wacheren bleiben dir oft fremd. Ihre beständigen Klagen, warum die Kinder so selten kommen, magst du irgendwann nicht mehr hören. Du fragst dich ja selbst, was du falsch gemacht hast. Nachbarn, frühere Kollegen, Vereinsmitglieder, sie alle bleiben überwiegend fern. Vielleicht wollen sie ihrer unausweichlichen Zukunft nicht so genau ins Gesicht sehen.

Wen soll ich anklagen für den Verlust so vieler Annehmlichkeiten? Das Pflegepersonal ist freundlich und engagiert, aber hoffnungslos überfordert durch fehlendes Personal. Die Pflegekräfte kann ich nicht anklagen. Manchmal sehe ich, wie eine von ihnen trotz des enormen Arbeitsdrucks bei der Hallo-Ruferin stehen bleibt und sie kurz in den Arm nimmt. Was für eine Geste der Menschlichkeit im System der subventionierten Notversorgung!

Manchmal beschleicht mich die Ahnung, in der Vergangenheit das Falsche angestrebt und eingeübt zu haben. War es wirklich so wichtig „all inclusive“ in den angesagten Residenzen zu genießen, ein ausgesuchtes Outfit zu besitzen? Dafür so intensiv zu arbeiten, dass viele Kontakte auf der Strecke blieben? Was wurde aus meinen über 50 Paar Schuhen? Den letzten Weg werde ich unbeschuht sein, wie gesagt, mit den Füßen voran.

## Kein Ort für sinnlose Spielchen

Als ich Frau H besuchen wollte, war sie nicht in ihrem Zimmer wie sonst. Aus dem Erdgeschoss hörte ich Musik und ging, um nachzusehen, ob Frau H dort unten war. Viele Heimbewohner saßen an schön gedeckten Kaffeetischen und ein Mann sang Lieder zur Gitarre. Frau H war auch darunter. Ich wollte sie nicht in die Situation bringen, sich zwischen der Veranstaltung und meinem Besuch entscheiden zu müssen. Also setzte ich mich einfach dazu.

An unserem Tisch saß eine Frau, die nicht mitsang und auch bei den Rätselfragen nicht mitmachte. Sie hatte Schwierigkeiten, den Kuchen zu essen, weil ihre obere Zahnprothese nicht mehr passte und nutzlos herabhing. Sie gab den Versuch etwas zu essen auch schnell auf.

Stattdessen beschäftigte sie sich mit einem Papiertaschentuch. Dabei wirkte sie konzentriert und geradezu hingegeben an ihre „Arbeit“. Sie trennte die drei Lagen des Papiertaschentuchs sorgfältig voneinander und zerpflückte das Papier in lauter kleine, luftige Stücke. Als es nichts mehr zu Zerpflücken gab, holte sie eine neue Packung Papiertaschentücher hervor. Doch sie war nicht fähig, die Verpackung zu öffnen. Sie versuchte es immer wieder.
Da wollte ich zugreifen und ihr helfen. Die Papierfetzen hätte ich später zusammengekehrt und aufgeräumt. Lauter Protest von den Umsitzenden hielt mich ab. „Nicht! Die zerreißt ja alles nur und die Fetzen liegen dann überall herum. Das ist doch sinnlos.“

Ich wollte die Veranstaltung nicht stören und verzichtete auf eine Diskussion. Aber ich war traurig. Die geistig frischeren hatten offensichtlich kein Verständnis für ihre dementen Mitbewohner. Sie urteilten nur nach dem Ergebnis. Es macht eben keinen Sinn, ein Papiertaschentuch in kleine Stücke zu zerreißen. Sie übersahen, wie still und zufrieden die demente Frau sich ihrer „Aufgabe“ widmete. Das Papiertaschentuch war in ihrer inneren Welt sicherlich etwas ganz anderes, und es war ebenso notwendig wie zufriedenstellend, diese „Arbeit“ zu tun.

## Litanei für die Vergessenen

Hallo, hallo, hallo ...
Wer ruft da?
Warum antwortet niemand?
Ist das meine Stimme?

Hallo, hallo, hallo ...
„Hör endlich auf!
Wir leben auch hier
und brauchen unsere Ruhe“.

Hallo, hallo, hallo...
Fremde Gesichter
mit zornigen Augen.
Was wollen sie von mir?

Hallo, hallo, hallo ...
Unter Fremden,
ich gehöre nicht hierher.
Alles ist verkehrt .

Hallo, hallo, hallo ...
Wo sind meine Rosen?
Der Birnbaum,
den ich gepflanzt habe?

Hallo, hallo hallo ...
Ein fremdes Gesicht,
aber freundlich,
eine Hand, die ich spüre.

Hallo, hallo, hallo ...
Warum darf ich nicht heim?
„Aber sie sind doch hier daheim.
Wir sind für sie da."
Hallo, hallo, hallo ...

# E hat heute keine Zeit

Einmal in der Woche besuchte ich E im Pflegeheim für mindestens anderthalb Stunden. Sie war nach einem Schlaganfall mit ihrer Einwilligung dorthin gekommen, weil sie nicht mehr allein leben konnte. Die berufstätigen und teilweise weiter entfernt wohnenden Familienmitglieder konnten eine ganztägige Betreuung nicht leisten.
Sie hätte vielfältige Gründe für eine tiefe Klage gehabt, denn den Verlust von Selbstbestimmtheit, die erzwungene Abtrennung vom vertrauten Lebensumfeld, das darf man sich nicht so einfach vorstellen. Es ist eine Katastrophe, die da bewältigt werden muss. Nicht wenige habe ich erlebt, die über diesen Umbruch von Bitterkeit erfüllt wurden für den ganzen Rest ihres Lebens. Nicht so E; sie fügte sich in die neuen Lebensumstände und beklagte sich nie, wenn ich sie besuchte. Im Gegenteil, sie war dem Leben offen zugewandt und verlor nie die Empathie für andere, wie ich es bei einem meiner Besuche selbst erleben durfte.
Wir saßen noch gar nicht lange zusammen, als E. sagte: „Heute habe ich keine Zeit. Ich muss meine Wäsche waschen". Ich war darüber etwas verwirrt, denn ich wusste, dass die Reinigung von Wäsche und Kleidung über das Pflegeheim organisiert wird, wenn das nicht von Verwandten erledigt wird. Wie sollte ich mit dieser Behauptung umgehen?

Mein Mienenspiel hat E. wohl als Kummer gedeutet, denn sie holte ein Heft hervor und zeigte mir wunderschöne Landschaftsbilder aus Irland. Nachdem wir die Bilder vielleicht eine Viertelstunde betrachtet hatten, sagte E: „Nun haben wir noch diese schönen Bilder angeschaut. Aber jetzt muss ich meine Arbeit machen.“ So wie man zu einem Kind sagt, jetzt habe ich Dir die Geschichte erzählt, und nun ist es gut. Brav bedankte und verabschiedete ich mich.

## Untröstlich

Im Sofa mehr hängend als sitzend, von vielen Kissen gestützt, eine Decke über den Füßen, so sah ich Frau F bei meinem ersten Besuch, und so sollte ich sie bei jedem Besuch vorfinden. Lediglich einen Tag vor ihrem Sterben traf ich sie liegend an in ihrem Pflegebett.
Bei den ersten Besuchen gab es noch Gespräche. Wir lernten uns kennen und ich versuchte heraus zu finden, was Frau F eine Freude machen könnte. Wir hörten uns gemeinsam klassische Musik an. Einmal las ich eine Erzählung von Lion Feuchtwanger vor. Frau F konnte selbst nicht mehr lesen, sie war nahezu erblindet, nahm nur noch schemenhaft ihre Umgebung wahr. Ihre seit fünf

Jahren stetig voranschreitende Krankheit nahm ihr nicht nur die Möglichkeit zu gehen, sondern sogar die Kraft auch nur aufzustehen, oder ihren Mann zu unterstützen, wenn er sie in den Rollstuhl setzen sollte.

Mit der Zeit lernte ich, dass Frau F in einer abgrundtiefen Trauer gefangen war. Alles, was ihr Leben ausgemacht hatte, war ihr genommen. Keine Arbeit in Haus oder Garten war mehr möglich, keine Wanderungen oder Spaziergänge, keine spontanen Unternehmungen. Ja nicht einmal die Möglichkeit, sich selbst zu waschen oder auf die Toilette zu gehen. In wirklich jedem Bedürfnis war sie auf Hilfe angewiesen. Darunter litt sie extrem.

Sie war nicht die Kämpferin, die der Krankheit Freiräume abgetrotzt hätte. So besaß sie beispielsweise einen elektrischen Rollstuhl, den sie mit einem Joystick hätte bewegen können. Aber sie hat ihn kein einziges Mal benutzt. Wie Antigone aus dem Drama von Jean Anouilh wollte sie alles oder gar nichts. Für Kompromisse oder gar für ein sich fügen in das Leid war sie nicht die Frau.

In den letzten Monaten ihres Lebens hat sie kaum noch gesprochen. Ob sie einfach nicht mehr wollte, oder ob sie es nicht mehr konnte, das wusste ich nicht. So saß ich schweigend neben ihr, die von einer Aura der Trostlosigkeit umgeben war. Ein tiefer Schmerz war spürbar, für den ich keine Worte hatte. Ich hielt ihre Hand, wenn ich den Eindruck hatte, dass sie das wollte, oder streichelte sie sanft. Obwohl ich schwerstkranke Menschen seit fast 20 Jahren begleitete, erlebte ich bei Frau F zum ersten Mal eine so tiefe Hoffnungslosigkeit, dass jedes Trostwort wie eine Verhöhnung gewirkt hätte. Da gab es nichts, was ich hätte tun können. Wir mussten es beide aushalten.

# Mit einem Gruß am Abgrund

Auf dem Weg durchs Pflegeheim, wenn ich komme oder nach Hause gehe, grüße ich jeden, der mir begegnet. Das habe ich mir nach einem eindrücklichen Erlebnis zur Gewohnheit gemacht. Ich saß mit E im Außenbereich des Pflegeheims. Viele Passanten gingen vorbei, weil Einkaufsmöglichkeiten auf dem Weg lagen. Plötzlich strahlte E mich an und sagte: „Die Frau da hat mich gegrüßt. Sie kennt mich noch."

Da merkte ich, wie wichtig es ist, wahrgenommen und geschätzt zu werden, wenn auch nur durch ein freundliches Kopfnicken. Gerade für diejenigen, die sehr isoliert von ihren früheren Kontakten leben müssen, ist es wichtig **„angesehen"** zu sein.

Als ich einmal wieder auf dem Nachhauseweg war, kam mir eine Frau entgegen mit ganz kleinen, unsicheren Schritten. Ich rief ihr ein „grüß Gott" zu und wollte weiter gehen. Doch sie sah mich eindringlich an und wollte offensichtlich etwas sagen. Als ich stehen blieb, kam sie ganz nahe heran, zupfte mich am Ärmel und sagte „Kannst du mit in mein Zimmer kommen? Kannst du heute bei mir schlafen? Ich hab so viel Angst."

Meine Antwort würde ich heute, nachdem ich viel über Gespräche mit dementen oder geistig eingeschränkten Menschen gelernt habe, anders formulieren. Damals sagte ich „Ich bin hier nur zu Besuch. Auf Ihrem Zimmer darf ich nicht bleiben, wenn die Besuchszeit vorbei ist. Reden Sie doch mit der Schwester über Ihre Angst."

Heute weiß ich, es ist sinnlos, auf der sachlogischen Ebene zu antworten. Hinter der Angst steckt wahrscheinlich eine Geschichte. Die muss nicht unbedingt mit der aktuellen Situation zusammenhängen. Diese Geschichte müsste erfragt werden. Jemand müsste wertschätzend zuhören und die Angst nicht einfach als unbegründet oder lächerlich abtun. Durch das Erzählen der Geschichte und ein mitfühlendes Gegenüber kann die Situation sich vielleicht sogar entspannen, und die Geschichte darf wieder vergessen werden.

Damals wusste ich das noch nicht. Aber diese Begegnung werde ich nicht vergessen und frage mich, wer findet noch die Zeit, im völlig überlasteten Pflegebetrieb solche Geschichten zu begleiten? Einfacher ist der Griff zum Beruhigungsmittel.

# Nachtgedanken

Wie viele Schritte noch
ohne Hilfsmittel?
Wie lange noch
die relative Sicherheit
morgens aufzuwachen
und den Tag zu gestalten
autonom?

Wozu noch Wissen anhäufen
in einem Speicher,
dessen Schlüssel verloren geht.
Bis nur der Blick
auf die Kindheit noch bleibt,
der zu entkommen
des Lebens Anstrengung war.

# Herr S, ein moderner Hiob?

Herrn S begegnete ich im Burglengenfelder Krankenhaus. Seine Familie brauchte Unterstützung, denn Herr S litt an hochgradiger Demenz und konnte nicht mehr allein gelassen werden. Vormittags war seine Frau bei ihm, die ich am frühen Nachmittag ablöste.

Als ich das Zimmert betrat, verabschiedete sich Frau S liebevoll von ihrem Mann. Doch Herr S zeigte dazu keine passende Reaktion. Er war mit lauter, aufgeregter Stimme vernehmbar. Allerdings waren keine verständlichen Worte oder Silben zu hören. Das lag nicht an einer undeutlichen oder verwaschenen Aussprache. Herr S hatte offensichtlich die Fähigkeit zu sprechen verloren. Seine „Äußerungen" glichen den Lauten eines Kleinkindes im vorsprachlichen Alter. Meist klang er aufgeregt, auch Zorn lag in seiner Stimme.

Ich war erschüttert. So etwas hatte ich noch nie erlebt. Bei Demenz dachte ich an Gedächtnisprobleme, an Menschen, die mehr in der Vergangenheit als in der Gegenwart leben und im Extremfall ihre Angehörigen nicht mehr erkennen. Mir war nicht bewusst, dass Demenz zum Tode führen kann, ganz ohne eine weitere Erkrankung. Ja, dass die Fähigkeit zur verbalen Kommunikation vorher gänzlich verloren gehen kann.

Was sollte ich tun? Frau S hatte die Hand ihres Mannes gehalten. Ich versuchte vorsichtig, ob er die meine auch akzeptieren wollte. Vielleicht wäre es gut für ihn, wenigstens die Nähe eines Menschen zu spüren. Er nahm meine Hand mit festem, aber nicht schmerzendem Griff und ließ sie die ganze Zeit nicht los. Aber sein lautes „Reden“ hörte nicht auf.

Gerne hätte ich gewusst, ob sein Sprachverlust nur das aktive Sprechen betraf, oder auch das Verstehen von gesprochenen Worten. Versuchsweise sagte ich mit deutlicher, aber ruhiger Stimme: „Ich bin da, bei Ihnen. Ich höre zu.“ Aber dieser Versuch blieb auch nach mehrmaliger Wiederholung ohne Wirkung.

Herr S wirkte auf mich nicht wie jemand, der Schmerzen hat (obwohl ich das nicht vollständig beurteilen kann). Sein „Reden“ klang wie etwas Dringliches, das unbedingt noch ausgesprochen werden musste. Es wirkte auf mich zeitweise wie die Anklage Hiobs in einer fremden, mir unverständlichen Sprache.

Am nächsten Tag war Herr S ruhig, er war auf Wunsch seiner Familie sediert worden. („Sie können doch meinen Vater nicht die ganze Zeit so schreien lassen.“) Für mich war diese Stille eher unheimlich. Sedierung war bisher für mich ein Hilfsmittel der Palliativmedizin gegen extreme Schmerzen und z.B. Angstzustände. War es hier die richtige Maßnahme? Ich wusste es nicht und hatte auch kein Recht, mich einzumischen. Aber ich begann mich zum Thema Demenz fortzubilden.

## Oft zu spät

Sehr oft werden wir als Begleiter von Schwerstkranken und Sterbenden viel zu spät angefordert. Auch wenn dahinter sehr verständliche Gründe stehen, ist es doch traurig zu sehen, wie Angehörige sich überfordern, selbst krank werden, oder wegen der ständigen Präsenz in der Nähe des Kranken kaum noch Außenkontakte haben. Dahinter steckt die Überzeugung, wir als Familie schaffen das schon. Niemand kann unseren Kranken so gut betreuen wie wir. Denn wir kennen ihn so gut und wissen genau, was er braucht. Hinzu kommt oft noch die Besorgnis, ob es wirklich klug ist, völlig Fremde ins Haus zu holen.

Dass niemand den kranken Angehörigen so gut kennt und betreuen kann, wie seine eigene Familie, das ist wahr. Aber dabei wird etwas übersehen, das viele Menschen nicht bedenken. Schwerstkranke Menschen, die noch reden und sich austauschen können, brauchen manchmal gerade jemanden, der nicht zur Familie gehört. Frau R, die ich fast zwei Jahre begleitete, war die erste, die mir das mitteilte. „Frau Gebauer, mit Ihnen kann ich wirklich über alles reden. Meine Familie kann ich doch nicht so belasten. Da muss manches ungesagt bleiben!“

Auch bei der Ehefrau von Herrn N war es so, dass sie sich erst sehr spät dazu durchringen konnte, Hilfe anzufordern. Als ich dann zum ersten Besuch vor der Tür stand, sagte sie „Aber ich habe Ihnen doch abgesagt. Meinem Mann geht es heute nicht so gut“. Ich entgegnete, dass mich die Absage nicht erreicht habe. Ich würde selbstverständlich gehen, wenn ich störe. Aber ich bat zu bedenken, dass wir keine Begleiter nur für die guten Stunden wären. Sie bat mich, hereinzukommen, und wir gingen in das Zimmer, in dem Herrn Ns Pflegebett stand. Dort hatten wir ein sehr langes Gespräch in ruhiger, guter Atmosphäre. Herr N blickte oft zu uns herüber, beteiligte sich aber nicht am Gespräch. Ich wusste, dass er sehr schwach war und keine feste Nahrung zu sich nehmen konnte. Denn er konnte nicht mehr gut schlucken.

Frau N hatte nun die Gelegenheit, über alle ihre Sorgen und Probleme zu reden. So erfuhr ich aber auch von ihrer Kreativität. Sie ließ sich vieles einfallen, um zu erreichen, dass ihr Mann noch etwas zu sich nehmen konnte, das ihm auch ein wenig Genuss bereiten würde. Den Aufwand, den sie dafür betrieb, würde keine Pflegeeinrichtung aufwenden können. Doch der Preis, den sie für die Rundumpflege zahlte, war sehr hoch. Sie hatte keine Zeit und keine Kraft mehr, etwas anderes zu machen als ihren Mann zu betreuen. Sie musste den geliebten Garten und alle Kontakte vernachlässigen.

Ich versuchte Frau N darin zu bestärken, dass sie sich einen Freiraum für sich selbst verschaffen sollte. Wir einigten uns darauf, dass ich ihren Mann nun regelmäßig besuchen würde. Wenn sie sehen würde, dass ihr Mann Vertrauen zu mir fasst, dann würde sie sich trauen, ihren Mann eine Zeit lang mit mir allein zu lassen. Doch ihr Mann verstarb noch vor dem nächsten Besuchstermin.

## Heimatlos im Pflegeheim

Frau H lebt nun schon drei Jahre im Pflegeheim, wo ich sie einmal wöchentlich besuche. Vielleicht wundern Sie sich über den langen Zeitraum, den diese Begleitung nun schon einnimmt. Betreuen Hospizbegleiter denn nicht in erster Linie Sterbende?

Ja, wir betreuen Menschen im Sterbeprozess, aber auch Schwerstkranke mit einer lebensverkürzenden Krankheit. Frau H ist über 90 Jahre alt und leidet zudem an mehreren schweren Erkrankungen. Sollen wir sie im Stich lassen, weil sie nicht schnell genug stirbt?

Frau H allein zu lassen, weil sie sich noch nicht im finalen Sterbeprozess befindet, wäre eine Grausamkeit. Wie bei vielen Hochbetagten sind inzwischen fast alle ihre nahen Verwandten verstorben. Die noch Lebenden wohnen weit entfernt, sind beruflich sehr gebunden und kommen daher extrem selten zu Besuch.

Hinzu kommt, dass Frau H sich im Pflegeheim nicht zu Hause fühlt. „Das ist doch kein Heim“, sagt sie mir immer wieder. Mit diesem Gefühl ist Frau H nicht alleine. Wie bei vielen Bewohnern erfolgte der Umzug nicht freiwillig sondern durch den Gesundheitszustand erzwungen. Ins Pflegeheim ist Frau H gekommen, weil sie nicht mehr selbst für sich sorgen kann und auch schon mehrfach

plötzlich gestürzt ist. Ohne Vorwarnung, ohne Möglichkeit zu reagieren, findet sie sich plötzlich auf dem Fußboden wieder und kann auch ohne Hilfe nicht mehr aufstehen.
Ein Umzug ins Pflegeheim war daher unvermeidbar. Frau H ist sich dessen auch bewusst. Sie weiß, dass es keine Alternative für sie gibt, da ihr einziger Sohn beruflich sehr stark beansprucht ist. Seine Arbeit kann auch nicht nach Hause verlagert werden, so dass er seine Mutter nicht zu sich nehmen kann. Sie wäre bei ihm den ganzen Tag über allein und durch Stürze ebenso gefährdet wie in ihrem früheren Zuhause.

Früher bewohnte sie ein eigenes Haus, heute lebt sie in einem 16 Quadratmeter großen Zimmer. Von den gewohnten Möbeln ist nur ein Sessel geblieben, auf dem ihr Vater gern saß, und ein paar Bilder. Der Garten fehlt, in dem die Jahreszeiten so konkret erlebbar waren. Es fehlen die Nachbarn. Vom freundlichen Gruß über den Zaun bis zu gegenseitigen Besuchen und Unterstützungsaktionen, von alldem ist sie abgeschnitten. Verloren gegangen ist das scheinbar Selbstverständliche: den eigenen Tag gestalten zu können, wie es die Alltagspflichten und die Wünsche geraten sein lassen.

Duschen, manchmal baden, hinaus kommen mit dem Rollstuhl, das passiert nicht dann, wenn es schön wäre, sondern dann, wenn eine Pflegekraft Zeit dafür hat. Das Selbstbestimmte im Leben erodiert zu nichts. Da wundert es mich nicht, wenn Frau H sagt, „das ist nicht mein zu Hause“.

Die Trauer über all diese Verluste ist sehr groß und auch nach 3 Jahren noch sehr präsent. Diese Trauer braucht einen Raum, und der findet sich in unseren Gesprächen.

# Wofür?

Lebenstraum eigenes Haus.
Mit den Händen
jeden einzelnen Stein
abgeklopft und zugerichtet.

Kein Zehnerl für Eis,
keine Wurstsemmel.
Dem Kind
immer wieder
ein „Nein“ zumuten.

Das Haus ist verkauft.
Das Geld wird verbraucht
fürs Pflegeheim.
Jeden Monat dreitausend.

Wenn ich noch lange lebe,
muss mein Sohn zahlen.

*Anmerkung: Kinder müssen nicht automatisch zahlen, sondern nur bei Überschreitung einer Einkommensgrenze. Aber das wissen viele alte Menschen nicht.*

# Liebe deinen Nächsten

Meinen Nächsten kann ich mir nicht immer aussuchen. In Verwandtschaften werde ich hinein geboren. Im beruflichen Umfeld muss ich mit jedem gut zusammenarbeiten, ob er mir sympathisch ist oder nicht. Nur bei der Gestaltung meiner Freizeit habe ich die Möglichkeit bewusst zu wählen, wer mir nah kommen darf.
Nicht so im Pflegeheim. Wer z.B. beim Duschen hilft, legt der Dienstplan fest. Dabei wechseln stets die Gesichter, wie mir Frau H. erzählte. Oft weiß sie den Namen der Person gar nicht, die sie aktuell betreut.
Die Zugehörigkeit zu einer Wohngruppe legt fest, mit wem Frau H das Essen einnimmt, wem sie in den Gemeinschaftsräumen begegnen wird. Das Eingewöhnen in ihre neue Gemeinschaft fällt Frau H sehr schwer, wie sie mir immer wieder in ihren Erzählungen beschreibt. Zum Teil liegt es daran, dass Frau H, die selbst noch geistig sehr klar ist, mit Menschen zusammen lebt, die an hochgradiger Demenz leiden.

So verschwinden häufig Gegenstände oder Kleidungsstücke aus Frau Hs Zimmer. Demente Bewohner verirren sich ins falsche Zimmer. Was sie dort finden, gehört ihnen und wird mitgenommen.

Dahinter steckt kein böser Wille. Aber es ist dennoch schmerzlich, einen geliebten Gegenstand zu verlieren. Oft bekommt man ihn nicht mehr zurück.

Einmal fand Frau H nach der Rückkehr aus dem Außenbereich des Pflegeheimes sogar einen fremden Mann in ihrem Bett, der sich weigerte anzuerkennen, dass er im falschen Zimmer war. Nur mit Hilfe der Pflegerin, die gerade Dienst hatte, konnte das Problem gelöst werden.

Ein großes Problem ist das „ungehörige" Verhalten der dementen Bewohner. Frau H stammt aus einer Generation, die sehr streng erzogen wurde. Pflichterfüllung und Rücksichtnahme auf andere waren dabei zentrale Werte, die sie zutiefst verinnerlicht hat. Sie kann daher nicht verstehen, warum jemand z.B. stundenlang schreit ohne Rücksicht auf die in der Nähe Sitzenden. Ganz empört berichtet sie von einer Frau, die im Gemeinschaftsraum, noch dazu während der Essenszeit, einfach einen Haufen auf den Boden gemacht hat.
Meinen Einwand, diese Menschen seien schwer krank, wischte Frau H noch vor vielen Monaten mit einer energischen Geste beiseite: „Die wollen nur nicht. Die kennen einfach keine Rücksicht." Nun ist es ganz gewiss nicht meine Aufgabe, Frau H zu belehren. Viele ihrer Ansichten, z.B. über die

Rollen von Frauen und Männern, teile ich auch nicht, aber ich lasse sie unkommentiert so stehen. Aber bei der Frage, was bedeutet eine schwere Demenz, wollte ich versuchen, eine Tür zum besseren Verständnis zu öffnen, mit der Hoffnung, das könne Frau H helfen, ihre Umgebung zu akzeptieren.

Tatsächlich ist auch nach und nach eine Verschiebung der Wahrnehmung und des Verhaltens bei Frau H eingetreten. Heute spricht sie von „Behinderten“, wenn sie über die Belastungen in ihrem Alltagsleben durch demente Bewohner berichtet. Zudem ist Frau H eine herzensgute Frau, für die Hilfsbereitschaft selbstverständlich ist. Das konnte ich neulich beim Abschluss meines Besuchs beobachten.

Ich öffnete die Zimmertür und wollte Frau H noch an ihren Platz im Gemeinschaftsraum schieben. Beim Blick in den Flur sahen wir eine Frau. Sie schrie nicht nur kläglich ihr „hallo, hallo“, wie wir es schon oft gehört hatten. Sie heulte buchstäblich Rotz und Wasser dabei. Lange Schleimfäden liefen ihr aus Mund und Nase. Niemand nahm sich ihrer an. Um die Wahrheit zu sagen, sie bot einen elenden, nicht gerade appetitlichen Anblick. Frau H aber rollte auf sie zu, neigte sich ihr liebevoll zu und sagte „Was hast Du denn? Ich bin doch da, Du kannst es mir sagen“.

# Traue der Stille

Traue der Stille etwas zu.
Fülle sie nicht mit Belanglosem.

Nutze das Licht deiner Augen,
die Kraft deines Lächelns,
die Wärme deiner Hand -
wenn du darfst.

Das Wort, das du nicht sagst,
kann heilen.

Prüfe unerbittlich das Wort,
das deine Lippen bedrängt.
Nur, wenn es zu Herzen geht
und nichts fordert,
kann es Trost sein.

# Frau Ts sanfter Abschied

Ich lernte Frau T in der Selbsthilfegruppe Krebs Burglengenfeld kennen. Dort besuchte sie mehrere Gruppentreffen, obwohl es ihr zu diesem Zeitpunkt bereits schlecht ging. Sie litt vor allem auch an Panikattacken.
Wenige Wochen nach Frau Ts letztem Besuch in der Selbsthilfegruppe erfuhr ich von unserer Koordinatorin, dass ihre Familie Hilfe bei der Hospizinitiative angefordert hatte. Da ich Frau T schon kannte, bot es sich an, dass ich sie betreuen würde.

Frau T benötigte inzwischen einen Rollstuhl und konnte sich nicht mehr selbst versorgen. Ihre Familie hatte daher eine ukrainische Frau für eine 24-Stunden-Betreuung engagiert. Diese Frau war sehr freundlich und durch ihre Anwesenheit war gesichert, dass Frau T nicht völlig allein in eine Situation geraten würde, in der sie sich nicht helfen könnte. Aber die sprachlichen Probleme waren doch so groß, dass vieles unbesprochen blieb, was Frau T bewegte und worüber sie gern geredet hätte.

So verabredeten wir, dass ich vorerst einmal in der Woche Frau T für mindestens zwei Stunden besuchen würde. Frau T litt nicht unter Schmerzen oder Übelkeit. Sie hatte jedoch die Fähigkeit verloren, alleine aufstehen zu können und konnte auch keinen Schritt gehen. Das war eine dramatische Verschlechterung gegenüber dem Zustand vor wenigen Wochen, als sie noch Besuche in der Selbsthilfegruppe machen konnte. Aber Frau T beklagte sich nicht.

In unseren Gesprächen bestätigte sich wieder, was ich schon oft bei Begleitungen Schwerstkranker erlebt hatte. Es ist in erster Linie wichtig, intensiv zuzuhören und nicht sofort die Messlatte eigener Erlebnisse hervor zu kramen. Das bevorstehende Sterben verändert den Blick auf das gelebte Leben.

Frau T redete nicht über verpasste Gelegenheiten, verfehlte Erfolgschancen oder Traumziele, die sie nicht mehr würde bereisen können. Auch Klagen über den zunehmenden Verlust von Fähigkeiten, die früher so selbstverständlich schienen, standen nicht im Vordergrund. Erinnerungen an intensive, schöne Momente, die sie mit „ihren" Menschen erlebte, belebten unsere Gespräche. Für wenige Augenblicke schien es sogar, als hätten diese Glücksmomente die Kraft, den Alltag zu erhellen, der für sie immer schwerer zu bewältigen war.

Ich ahnte nicht, wie kurz unser gemeinsamer Weg sein würde. Bei meinem vierten Besuch fand ich Frau T nicht auf dem Sofa sitzend vor, wie sonst. Sie lag in ihrem Pflegebett und schlief. Ich setzte mich leise an ihr Bett und wollte nicht stören. Die ukrainische Hilfskraft würde nun zwei Stunden Pause haben dürfen. Ich wollte da sein, falls Frau T etwas brauchte. Um zu spüren, wie es ihr geht, atmete ich mit ihr, im selben Rhythmus und mit derselben Intensität wie sie. Es fühlte sich nicht beängstigend an.

Nach längerer Zeit öffnete sie plötzlich die Augen und sah mich an. Ich berührte sie leicht an der Schulter und sagte „Hallo Frau T, erschrecken Sie nicht. Ich bin's, Frau Gebauer. Ein wenig habe ich Ihren Schlaf bewacht und jetzt bleibe ich noch eine Zeit lang, damit Sie nicht allein sind.“ Als Antwort erhielt ich ein sanftes Lächeln und genau ein Wort „super!“ Weiteres wurde nicht geredet. Frau T schien sehr schwach zu sein.

Bevor ich Frau T in der folgenden Woche besuchen konnte, erfuhr ich, dass sie nach Pentling ins Hospiz verlegt worden ist. Dort starb sie wenige Tage später.

# Das Leben loslassen können

Als ich durch unsere Koordinatorin für den ersten Besuch bei Frau C vorbereitet wurde, erfuhr ich, dass meine Aufgabe nicht in erster Linie die Begleitung der sterbenden Patientin sein würde, sondern vor allem die Entlastung der pflegenden Familie. Frau C wurde von ihrer Tochter, Frau E, zu Hause gepflegt, und ihr Ehemann unterstützte sie dabei intensiv.
Frau C litt an diversen Krankheiten, so dass sie u.a. Blutverdünner einnehmen musste. Sie war aber vor allem auch hochgradig dement. Ohne die liebevolle Rundumversorgung durch ihre Tochter wäre Frau C wahrscheinlich schon längst verstorben. Denn sie konnte keine feste Nahrung mehr zu sich nehmen, weil sie kaum noch schlucken konnte. In einem Pflegeheim z.B. wäre es gar nicht möglich den „Aufwand“ zu betreiben, den Frau Cs Tochter sich abverlangte, um ihre Mutter gut zu pflegen. Viele Male tagsüber bot sie etwas zu trinken an und motivierte ihre Mutter immer wieder, etwas von der Astronautennahrung zu sich zu nehmen.

In der Nacht war an keinen durchgängigen Schlaf zu denken, weil Frau C immer wieder nach ihrer Tochter rief. Da sie dement war, hatte sie keinen Überblick darüber, wie oft sie das tat und dass es ihre Tochter extrem belastete. Über das alles

mussten Frau E und ihr Mann einfach einmal mit jemandem reden. Meine Aufgabe bestand also darin, solche entlastenden Gespräche zu ermöglichen.
Die waren aber auch bitter nötig. Die Pflege von Frau C erstreckte sich nun schon über mehr als drei Jahre und war eine Aufgabe, die 7 Tage in der Woche, an vielen Stunden tagsüber und nachts bewältigt werden musste. Dadurch sind auch die sozialen Kontakte der Familie so stark vernachlässigt worden, dass so gut wie keine Außenkontakte mehr vorhanden waren.

Ein wichtiges Thema in unseren Gesprächen sollte auch sein: Die Mutter liebevoll zu begleiten, das bedeutet auch, ihr Sterben zuzulassen. Ich wusste, das ist ein ganz heikler Punkt. Da kann ich mich nicht einfach an den Tisch setzen und dozieren: „Lassen Sie Ihre Mutter gehen. Verlängern Sie doch nicht ihr Leiden. Ihre Mutter stirbt nicht, weil sie nichts isst, sondern sie isst nicht mehr, weil sie stirbt.“. Das wäre anmaßend gewesen. Niemand kann von außen beurteilen, was für Menschen in dieser Situation richtig ist.
Daher achtete ich in unseren Gesprächen darauf, dass ich Verständnis für die extrem schwierige Situation zeigte. Ich meldete vor allem zurück, wie sehr ich die Anstrengungen bewunderte, die beide Pflegenden auf sich nahmen, um den letzten Lebensabschnitt der Mutter liebevoll zu begleiten.

Nur ganz vorsichtig brachte ich ins Gespräch, es würde sicherlich einmal der Zeitpunkt kommen, an dem die Pflege sich verändern würde. Dann würde die Astronautennahrung nur noch auf Anforderung der Mutter angeboten werden und statt ständiger Trinkangebote wäre es ausreichend, in der Mundpflege für erfrischende Feuchtigkeit zu sorgen. Wann sich diese Art der Pflege „richtig" anfühlen würde, würden die beiden am besten selbst erkennen. Fünf solche Gespräche fanden einmal wöchentlich statt. Dann ist Frau C verstorben.

## Die Zeit heilt nicht alle Wunden

Frau J besuche ich schon lange im Pflegeheim. Unsere Begegnungen sind dabei von langen, intensiven Gesprächen geprägt. Mein Anteil dabei ist eher ein mitfühlendes Zuhören als Argumente auszutauschen oder Erklärungen zu liefern. Immer wieder höre ich dieselben Geschichten. Aber nicht, weil Frau J dement wäre und nicht mehr weiß, was sie mir schon alles erzählt hat. Es sind die ungelösten Lebensfragen und die nicht verheilten Wunden, die sich immer wieder ins Wort drängen.

Wir sitzen uns gegenüber und Frau Js Antlitz spiegelt deutlich ihre Gefühle wieder, die sich bis in ihre Stimmfarbe auswirken. Ich sehe keine Frau vor mir, die einen beschaulichen Lebensabend durchlebt, die ihren Frieden gefunden hätte. Ein Erlebnis, das weit mehr als fünfzig Jahre zurück liegt, wird immer wieder erinnert und hinterlässt einen Schmerz, der trotz des großen Abstands kaum geringer geworden ist. Ihr kleines, sehnsüchtig erwartetes Mädchen hat einen so schweren und komplizierten Geburtsweg, dass es kurz nach der Geburt stirbt. Das Gesicht, von schwarzen Haaren umrahmt, sieht Frau J noch immer vor sich. Der Gedanke, dass sie dieses Kind aus ihren Armen in einen Sarg geben musste, treibt ihr heute noch Tränen in die Augen. Die Frage „Warum?“ ist auch jetzt noch nicht beantwortet und bleibt eine beständige Klage, ja eine Anklage an den Gott, an den Frau J trotz allem glaubt.
Ich hüte mich, besänftigende Trostworte zu suchen. Mein erlerntes Wissen über Trauerprozesse reicht hier nicht aus. Offensichtlich ist es für Frau J nicht so gekommen, dass sich die Trauer mit den Jahren in etwas verwandeln darf, das dem Schmerz seine bittere Schärfe nimmt und dem geliebten Toten einen neuen Platz im eigenen Leben ermöglicht. Die tiefe Wunde, die dieser Tod gerissen hat, ist nur notdürftig vernarbt und hört nicht auf zu schmerzen. Ich weiß nicht warum. Aber ich nehme den Schmerz wahr und rede ihn nicht klein.

Er muss wohl immer noch sein.
Stattdessen nehme ich Frau Js Hände und halte sie schweigend bis die Tränen wieder versiegen. Was mich dabei stützt ist mein Glaube, dass es einst einen Ort geben wird, an dem Gott selbst die Tränen trocknen wird. Während ich noch nachsinne, ob ich das Frau J sagen dürfte, höre ich: „Mein Mann und mein Vater sind ja auch nicht mehr. Sie nehmen mein Kind gewiss auf den Schoß und trösten es, weil es keine Mutter hat."

# Für H.

Im Geringsten
kannst Du
einen Lichtfunken finden,
oder überall nur Finsternis.
Es hängt davon ab,
wohin Du schaust.

Du kannst
die bittere Klage leben,
für die Du gute Gründe hast,
oder doch die Dankbarkeit.

Weil die Blumen
für Dich duften,
die Amsel Dir singt
und die Spatzen Dir vertraun.

Weil der Wind in Deinen Haaren spielt,
ganz nahe Deinem Ohr,
denn er gibt gern damit an,
wo er überall gewesen ist.

Frau Trauer und Herr Zorn
wollen bei Dir wohnen.
Gewähre ihnen Gastfreundschaft,
aber lass nicht zu,
dass sie Dein Haus besetzen
und Dich in den Keller verbannen.

# Frau U und der Bankert

Frau U habe ich telefonisch betreut. Ihr Wohnort war zu weit entfernt und mit öffentlichen Verkehrsmitteln schlecht zu erreichen. Eine telefonische Betreuung ist nicht der Idealfall, aber doch besser als jemanden ganz unbetreut lassen zu müssen. Es fehlen bei den Telefonaten die leibliche Nähe und viele Nuancen, die nur in der Körpersprache wahrnehmbar sind. Eine Gesprächspause ist am Telefon viel schwerer zu interpretieren und zu „gestalten“, weil der Blickkontakt fehlt.
Frau U war sehr einsam und hatte einen großen Gesprächsbedarf. Die Geschichten, die ihr Leben geprägt hatten, kannten die Enkel und Urenkel alle schon, und sie hatten nicht mehr die Geduld für weitere Wiederholungen. Ich nahm mir gerne Zeit, um zuzuhören. Auch ich hörte viele Geschichten zum wiederholten Male. Aber ich wusste beim Hören, jetzt nehme ich teil an wesentlichen Momenten in Frau Us Leben, an Momenten, die zentrale Lebensfragen betreffen, so dass sie immer wieder betrachtet und erzählt werden müssen.

Eine dieser Geschichten habe ich wirklich gern angehört. Sie ist in den fünfziger Jahren passiert, als uneheliche Kinder noch ein Skandal waren. In Frau Us Stimme war stets eine sanfte Zärtlichkeit präsent, wenn sie diese Geschichte erzählte.

Wenn der kleine Peter sich irgendwo blicken ließ, wurden ihm hässliche Worte hinterhergerufen, und es war den Dorfkindern verboten mit dem „Bankert“ zu spielen.

Aber Frau U dachte sich, was kann denn das Kind dafür? Jedes Mal, wenn sie Peter sah, redete Sie ein paar freundliche Worte mit ihm, und ab und zu gab sie ihm einen Groschen, damit er sich etwas Süßes kaufen konnte.

In dieser Freundlichkeit sehe ich das Wirken Gottes. Frau U hat sich, sicherlich ohne dass sie selbst es so bezeichnet hätte, von ihm in den Dienst nehmen lassen. Dem kleinen Peter ist so die Herzensgüte Gottes in Menschengestalt begegnet. Für diese Freundlichkeit habe ich Frau U in mein Herz geschlossen und schenke ihr gern die Zeit, um Wesentliches aus Ihrem Leben anzuhören. Geschichten von einstigen Triumphen und von schweren Zeiten, von lebensfroher Güte und von harten Entbehrungen.

## Warum?

Ich sitze Frau H nicht zum ersten Mal gegenüber; wir sehen uns regelmäßig im Pflegeheim. Doch heute nehme ich sie anders wahr als sonst. Ihre Haut wirkt geradezu grau und stumpf, ihren Augen fehlt ganz und gar das trotzige, manchmal geradezu rebellische, Funkeln. Sie steckt fest in einer schwarzen Wolke von Warum-Fragen. In unseren Gesprächen spielte die Frage „warum“ von Anfang an eine große Rolle:

Warum starb ihr Vater so früh? Warum zeigte ihre Mutter ihr so deutlich eine aggressive Abneigung? Warum hat sie selbst ihre liebevoll erwartete Tochter kurz nach der Geburt verloren? Warum kann sie nicht mehr selbstbestimmt zu Hause leben? Warum musste sie ins Pflegeheim statt mit ihrem Sohn und ihrer Schwiegertochter zusammenzuleben? Aktuell kommt hinzu: „Warum bin ich überhaupt noch da?“

Heute klingt das „warum“ viel dringlicher als in früheren Gesprächen, verlorener, und Frau H findet nicht wie sonst wieder zurück in eine pragmatische Lebenshaltung, die dem Jetzt und Hier immer noch etwas Positives abzuringen vermag.

„Ich hab doch immer alles getan, was nötig war, ohne meine Wünsche in den Vordergrund zu stellen. Das weißt Du doch, Herrgott!“. Aus ihren Erzählungen weiß ich, dass Verzicht die große Überschrift über ihrem Leben war. Jetzt aber fehlt ihr die „Belohnung“ für ein lebenslanges Arbeiten und Verzichten. Sie hat ihren Vater gepflegt, trotz großer Konflikte ihre Mutter gepflegt und bis zuletzt begleitet. Das war für sie selbstverständlich und keine große Überlegung wert. Das tut man, weil es nötig und richtig ist. Alles andere geht eben gar nicht.
Aber mit ihrem Leben geht es doch anders als sie es einmal erhofft hatte. Die gesellschaftlichen Rahmenbedingungen haben sich krass verändert im langen Leben von Frau H. Die Generationen leben nicht mehr zusammen. Der Sohn kümmert sich um einen guten Pflegeheimplatz und sieht damit seine Pflicht als erfüllt an.

Was mache ich mit all diesen quälenden Fragen, die von bitteren Tränen begleitet werden? Zuallererst hüte ich mich davor, Antworten zu geben. Wer könnte auf die dringlichen Fragen Hiobs antworten außer Gott? Der aber begnügt sich scheinbar mit der harten Zurechtweisung: „Wer bist du, dass du meine Weisheit anzweifelst mit Worten ohne Verstand?“, und er fordert Vertrauen von seinem Geschöpf – über das Leid hinaus und durch das Leiden hindurch.

Ich versuche erst gar keine Antwort und sage, „Ich weiß es nicht“. Gleichzeitig aber versuche ich einen emotionalen Raum zu gestalten, in dem alle Fragen und Klagen sein dürfen. Sie werden nicht relativiert oder gar in irgend einer Form bewertet. Der Schmerz ist geradezu greifbar, und ich versuche eine Umarmung dagegen zu setzen, ein bergendes Halten, einen Versuch, Nähe zu geben. Mir wird klar, dass dieses „warum“ gar keine Frage ist, die irgend etwas mit logisch begründbaren Tatsachen zu tun hätte. Sie ist Ausdruck einer tiefen Ausweglosigkeit. Ausgelöst durch eine Realität, die alle lang gehegten Träume, wie der Lebensabend aussehen sollte, gnadenlos verweigert.

# Einmal wird

Einmal wird bei deinem Kommen
kein Erkennen in mir sein.

Kein Lächeln in meinen Augen,
keine Hand, die deine sucht.

Dann lauf nicht fort von hier.
Schenk deine Wachheit meinem Schwinden

und meinem Abschied deine Nähe,
und schenk mir ein Gebet.

Wenn du nicht glaubst, erzähl es mir
wie ein lichtes, strahlendes Utopia.

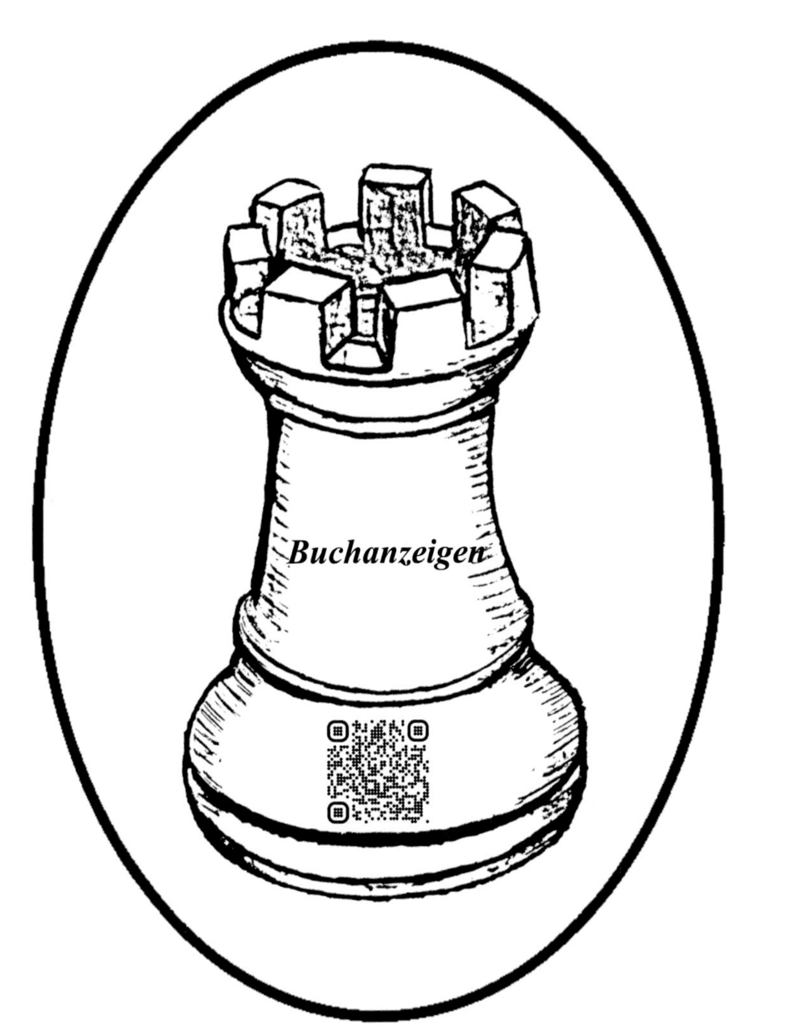
Buchanzeigen

*Hrsg. Christina Schwarzfischer*

# *Wejs' zougäht im Landkreis Cham*

Nicht nur informative Fakten und wahre Anekdoten, auch fantasievolle Kurzgeschichten, außerdem unterhaltsame Mundartgedichte und herrliche Bilder aus dem Landkreis Cham, geschaffen von über 15 verschiedenen Einheimischen, wurden in diesem vielseitigen Büchlein von der Autorin Christina Schwarzfischer zusammengetragen. So ist ein kleines Schatzkistchen auch für Urlauber und Kurgäste entstanden, mehr von der schönen Oberpfalz zu erblicken, denn dieses Werk soll zugleich dazu anregen, die aufgelisteten Sehenswürdigkeiten zu besichtigen.

***(140 Seiten, mit Bildern in Farbe)***

**ISBN 978-3-98930-056-9**

*Mehr Informationen, sowie Buchbestellung im Internet unter:*
***turmgeschichten.de***

**Dorothea Gebauer**

# Leben auf der Seifenblase

**Gedichte gegen den Zeitgeist**

Mit 72 Jahren veröffentlicht Dorothea Gebauer aus Burglengenfeld ihr erstes Buch. Ausgerechnet Gedichte, mag sich mancher denken. Aber gerade diese kleine literarische Form, die jedes Wort zu viel und jedes Schwafeln gnadenlos entlarvt, hat es der Autorin angetan. Sensible Worte zu finden für einen besonderen Blick in den Alltag, ist ihr Anliegen. Dabei werden Tabus und Themen, die gerne verdrängt werden, nicht ausgespart.

Der besondere Blickwinkel auf den Alltag wurde geprägt durch nahezu 20 Jahre ehrenamtliche Tätigkeit in der Hospizbewegung. Bei der Begleitung Schwerstkranker und Sterbender verschieben sich die Gewichte. Ein all zu banalisierter Alltag, zwischen Erfolgsstory, Eventhopping und Shopping Queen, verliert schnell seinen Anschein von Attraktivität. Die Gedichte wollen dabei Fingerzeige auf Alternativen sein und berichten auch von Erlebnissen in der Welt der Hospizbegleiter.

***(112 Seiten)***

**ISBN 978-3-98930-102-3**

*Mehr Informationen, sowie Buchbestellung im Internet unter:*
***turmgeschichten.de***

## *Hrsg. Christina Schwarzfischer*

# *beflügelte Poesie*

Diese Anthologie beinhaltet Gedichte, Kurzgeschichten, kunstvolle Fotografien und Gemälde.

„Autoren sind Künstler, nur benötigen diese nicht Pinsel und Farbe, um ein buntes Bild in unseren Köpfen erscheinen zu lassen. Denn ihre Farbe sind Worte, die in der richtigen Zusammenstellung etwas in uns bewegen, uns fesseln und träumen lassen."
Mit dieser Überzeugung rief der Eigenverlag Turmgeschichten, unter Leitung von Autorin Christina Schwarzfischer, unentdeckte Talente dazu auf, gemeinsam eine Anthologie zu gestalten. Denn in jedem von uns steckt ein Talent, das nur darauf wartet, entdeckt zu werden!

***(104 Seiten, mit Bildern)***

*Mehr Informationen, sowie Buchbestellung im Internet unter:*
***turmgeschichten.de***

***Hrsg. Christina Schwarzfischer***

# ***Kuss der Muse***

Diese Anthologie beinhaltet Gedichte, Kurzgeschichten, kunstvolle Fotografien und Gemälde.

In diesem Werk wurde erneut kreativen Köpfen die Chance zur kostenlosen Veröffentlichung in einem Buch des Turmgeschichten-Verlags geboten. Der Aufruf, gemeinsam eine Anthologie zu gestalten, sorgte für eine Menge verschiedener Teilnehmer, um möglichst viele Leser zu den verschiedensten Themen in Gedichten, Kurzgeschichten und Kunstwerken anzusprechen. Für so manchen, bisher noch unentdeckten, Autor erfüllte sich durch dieses Projekt, das die eigenen Werke für die Nachwelt festhält, ein lang ersehnter Traum vom Selbstverwirklichung!

***(140 Seiten, mit Bildern in Farbe)***

*Mehr Informationen, sowie Buchbestellung im Internet unter:*
***turmgeschichten.de***

*Christina Schwarzfischer*

# Eigenlob stärkt

## *Der 105 Tage Planer*

Sachbuch, Arbeitsbuch und Planer, sowie Dankbarkeits-Tagebuch und Erfolgsjournal
105 Tage zum Ausfüllen und 15 Wochenaufgaben mit Impulsen und Zitaten

Mit diesem Buch planst du nicht nur, du setzt auch um!
Sofern du es wie beschrieben verwendest, wirst du bereits nach kurzer Zeit echte Ergebnisse produzieren, die sich auch sehen lassen können!
Zurück zur Leichtigkeit, Lebensfreude, Glückseligkeit - mit Bewusstsein zurück zu dir selbst und deinem Gefühlskern.
Ob ich dir da zu viel verspreche? - Teste es gerne aus und lass dich begeistern!

***(268 Seiten)***

**ISBN 978-3-98930-060-6**

*Mehr Informationen zum Buch, sowie Bestellung im Internet unter:* ***turmgeschichten.de***

***Christina Schwarzfischer***

# *Pixie*

***- Fee auf vier Pfoten***

Erikas Leben gleicht nach bitteren Verlusten einem Scherben-haufen, bis eine schicksalhafte Begegnung alles ändert: Sie lässt die kleine Langhaarkatze Pixie in ihr Herz und die kleine Fee lenkt Erika stets auf den richtigen Weg - ob nun bei Job, Wohnung oder Partnerwahl. Denn birgt das Glückskätzchen ein Geheimnis, zusammen mit dem Kosmos, der sie schickt.

Eine zauberhafte und verspielte Reim-Geschichte, die noch an Wunder glauben lässt - besonders in Zeiten von Trauer und Verlust. Geeignet für alle, die ihr inneres Kind noch nicht verloren haben.

***(72 Seiten, mit Bildern in Farbe)***

**ISBN 978-3-98930-031-6**

*Mehr Informationen, sowie Buchbestellung im Internet unter:*
***turmgeschichten.de***

*Christina Schwarzfischer*

# *Lyrikas Märchenstunde*

Lust auf fantastische Geschichten über furchterregende Drachen, bildschöne Prinzessinnen, edle Ritter, böse Hexen, aufregende Fabelwesen und vieles mehr? So lasst euch verzaubern, denn in diesem Buch schlüpft Autorin Christina Schwarzfischer in die Rolle von Lyrika, einer Schriftstellerin und Märchenerzählerin aus dem Mittelalter. - Lyrika lädt euch ein zur Märchenstunde!

Bisher unbekannte, lehrreiche und moralisch hochwertige Märchen für Groß und Klein.

***(135 Seiten, bebildert)***

**Auch als Hörspiel erhältlich!**
**Format: wahlweise CD oder Stream/Download!**

**ISBN 978-3-98930-041-5**

*Mehr Informationen zum Märchenbuch, sowie Buchbestellung im Internet unter:* ***turmgeschichten.de***

*Christina Schwarzfischer*

# *Die letzte Sirenele*

Zum Teil sieht Ebi fast aus wie ein Menschenmädchen, obwohl ihr Lebensraum der Ozean ist. Doch zählt sie nicht zu den Meerjungfrauen, Nixen oder Sirenen, so wie einst die berühmte Loreley. Als sogenannte „Sirenele“ ist Ebi den Schalentieren, wie Krebsen und Hummern, ähnlicher als den Fischen. Halb Sirene, halb Garnele sozusagen.
Als der Auswanderer Valentin durch Zufall auf das seltene Wesen stößt, raubt er ihr einen Kuss, der ihm zum Verhängnis wird. Ein uralter Fluch tritt dadurch ein, der seinen Körper mutieren lässt. Nun heißt es, die Sirenele finden und sie bitten, den Fluch aufzuheben.

***(360 Seiten)***

**ISBN 978-3-98930-071-2**

*Mehr Informationen zu diesem Märchen-Roman,*
*sowie Buchbestellung im Internet unter:* ***turmgeschichten.de***

**BuchMesse Bad Kötzting**

**nach AllerHeiligen Fr/Sa/So**
**im PostSaal, Herrenstr. 10**
**www.TurmGeschichten.de**

Alljährlich im November im „Haus d. Gastes / Postsaal“ beim Gasthof zur Post in 93444 Bad Kötzting

Nehmen Sie teil als Besucher oder Aussteller! Für Infos Mail an: dialog@turmgeschichten.de

# *Dein Manuskript als gedrucktes Buch*

*mit Christina Schwarzfischers Hilfe*

## Schon mal vom eigenen Buch geträumt?

Christina, vielfache Buchautorin, Buchmesse-Veranstalterin und Verlegerin ermöglicht dir das! Ganz nach deinen Wünschen gestaltet. Sei es als Giveaway oder zum Verkauf an Kunden, oder aber für sich selbst und als Geschenk für Verwandte, Freunde, Bekannte.

**Schon ab kleinsten Bestellmengen drucken lassen!**

30 Bücher? 100 Stück oder viel mehr? - Kein Problem!

Sende gerne eine E-Mail an Turmgeschichten und gib uns deine Wünsche zum Buch durch. Wir melden uns vorab bei dir, um Details zu besprechen. Die Angebotsphase ist freilich kostenlos und unverbindlich.

Hier kannst du kleine Auflagen deines eigenen Buchs zu rentablen Preisen erwerben! Daher ist Turmgeschichten.de ebenso ein Verlag für neue Autoren.

## Und das Wichtigste:

**Alle Rechte zu deinem Buch bleiben voll und ganz bei dir!**

Weitere Infos per Mail oder unter:

www.turmgeschichten.de/buchdruck